听力理解录音文本
＋
参考答案

仿真试卷一
听力理解录音文本

第一部分

请选出正确答案，共 15 题。现在开始第 1 题。

1. 祝大家在新的一年里开心快乐，幸福平安！
   问：这句话最有可能是什么时候说的？

2. 这几天天气不好，我们别坐飞机了，还是坐火车去吧！
   问：他们原来计划坐什么？

3. 今年的产量虽然比去年提高了，但还没有达到前年的水平。
   问：哪一年的产量最高？

4. 小刘对你这么好，你还骗他，这太说不过去了吧?!
   问：说话人是什么意思？

5. 我哪儿知道这雨什么时候能停啊?!
   问：说话人是什么语气？

6. 小王，八点一刻我在老地方等你吧！
   问：说话人在什么地方等小王？

7. 您要硬座还是卧铺，要几张？
   问：说话人最有可能是做什么的？

8. 去年十一月我们刚见过面，这才过去两个月我们又见面了，真是有缘啊！
   问：现在大概是几月份？

9. 老头子，检查结果已经出来了，你的身体没什么毛病，别瞎想啦！
   问：说话人最有可能在对谁说话？

10. 那个穿深灰色西服，戴宽边眼镜，手里拿着一本书的就是我们的经理。
    问：说话人没提到什么？

11. 滑雪是我最喜欢的运动，滑冰、游泳也是我的强项。
    问：说话人最喜欢什么运动？

12. 未来三天江淮江南有强降雨，华北局部地区干旱高温。
    问：三天之内江南地区的天气怎么样？

13. 拥抱夏日清凉，请来九寨沟！
    问：这最有可能是什么？

14. 请乘坐T271次列车的乘客抓紧时间进站上车了。
    问：这句话最有可能是在什么地方说的？

15. 对孩子来说，有过多的压岁钱未必是件好事。
    问：说话人是什么意思？

第 二 部 分

请选出正确答案，共20题。现在开始第16题。

16. 男：这么好的机会你还不动心，再不抓住就错过了啊！
    女：你觉得好你自己留着吧！
    问：女的是什么意思？

17. 男：她是个女强人，比男的都能干，我可不敢娶她。
    女：你可真有出息！
    问：女的认为男的怎么样？

18. 男：家家都贴春联、贴福字，你家怎么不贴啊？
    女：我妈妈今年刚刚去世，我家就不贴了。
    问：对话最有可能发生在什么时候？

19. 男：小李今天肯定吃错药了，怎么发这么大脾气？！
    女：他心情不好，你别理他。
    问：小李怎么了？

20. 男：你什么时候才能穿上这么漂亮的结婚礼服啊？！
    女：我都不着急，你着什么急啊？！
    问：女的不着急做什么？

21. 男：哪有你这样教育孩子的，光靠打可不行。
    女：说他也不管用，我实在是没有办法！
    问：女的是怎样教育孩子的？

22. 男：听说了吗？今天的比赛大爆冷门儿！
    女：是啊，谁也没想到一个毛头小伙子能得第一名。
    问：什么样的人得了第一名？

23. 男：这件事情已经过去了，你不要有思想负担。
    女：我一定记住这次的教训。
    问：男的对女的是什么态度？

24. 男：非常感谢您多年来对我的培养和教育，我能考上大学多亏了您啊！
    女：没什么，这是我应该做的，这是我的工作嘛。
    问：对话人最有可能是什么关系？

25. 男：从那以后我就再也没有踏上故乡的这片土地。
    女：大概有十几年了吧？
    问：男的十几年没有做什么？

26. 男：王丽和李明不是在谈恋爱吗？怎么总也看不见他们在一起啊？
    女：你还不知道，他们早就黄了。
    问：王丽和李明怎么了？

27. 男：今天真高兴，来，大家多喝点儿！
    女：同学聚会就图个热闹，喝那么多酒干什么？
    问：说话人在参加什么活动？

28. 男：凡事想开点儿，别总跟自己过不去啊！
    女：上天为什么这么不公平啊？
    问：女的现在心情怎么样？

29. 男：您的头发最好保养一下，然后再剪短一点儿，这样就显得更精神了。
    女：早就听说你们美发厅的师傅不错，嗯，你的建议确实很好！
    问：男的最有可能是什么职业？

30. 男：天气越来越冷了，地震灾区的人们该怎么度过这个冬天啊！
    女：明天我们找点儿过冬的衣服和被子给他们寄去吧。
    问：对话人在关心什么人？

31. 男：快看我给你买的新衣服，怎么样？漂亮吧？
    女：什么呀？这颜色太土了，我才不穿呢！
    问：女的觉得这件衣服怎么样？

32. 男：为了倒时差我今天睡到11点才起床。
    女：现在感觉好一点儿了吧？
    问：男的为什么起得那么晚？

33. 男：老师，到今年您从事教育工作已经50周年了，我们一定要为您庆祝一下。
    女：谢谢你们！
    问：男的要为女的庆祝什么？

34. 男：哼！他们欺骗我，我一定让他们吃不了兜着走！
    女：事情已经过去了，就算了吧！
    问：男的是什么意思？

35. 男：真是"三个和尚没水吃"，你看看你们谁也不知道把房间收拾收拾。
    女：大家都在准备考试呢，哪有时间啊？
    问：男的为什么要说女的？

第 三 部 分

请选出正确答案，共 15 题。现在开始第 36 到 38 题。

第 36 到 38 题是根据下面一段对话：
记　者：李馆长，刚才我们提到，这次日全食将在 7 月 22 日发生，它具体的时间是什么时候？
李馆长：这次日全食的整个过程将发生在北京时间的上午 9：00～9：30，当然不同的地点日全食开始的时间也不一样，有的地方会更早一点儿。
记　者：我在网上看到有 8 个最佳观测地点，不知道这个说法是怎样来的？
李馆长：这是大家的误解。国家天文台开始推荐了 8 个，后来是 9 个，叫做"推荐观测地点"，而不是"最佳观测地点"。这个推荐本身并不是说这 8 个地点比其他地方好，也不是说除了这 8 个地点以外，其他地方就不能看了。天气情况直接影响日全食的观测。我认为什么地方天晴，什么地方才是最佳观测地点。

36. 问：日全食将发生在哪天？
37. 问：日全食具体发生在什么时候？
38. 问：影响观测最重要的因素是什么？

第 39 到 41 题是根据下面一段话：
　　我来说一下我成为国旗手的经历。我到国旗班的那一年是 1989 年，当时是由 3 个人升旗。记得那时老班长对我们说，谁的动作好，谁的表现好，就让谁第一个升国旗，这就是最大的动力。这个目标确定以后，所有人都主动自愿地去训练。没有人要求你怎么样，全靠自己的主动性。当时部队一般是 6 点起床，但是我们 4 点钟就起来了，起来以后先打扫卫生，然后就到河边练习基本动作和要领。我们新兵一共有 8 个人，我们 8 个人展开了竞争。大家都有一个目标，就是去升旗。

39. 问：说话人是哪一年到国旗班的？
40. 问：说话人早上到河边去做什么？
41. 问：说话人的目标是什么？

第 42 到 44 题是根据下面一段话：
　　这个双休日对于我国东南沿海地区来讲是一个不寻常的周末。积攒了好几天力气的台风"莫拉菲"于今天凌晨 0 时 50 分前后在广东省深圳市沿海登陆，登陆时中心附近最大风力达 13 级。在此次强台风的控制之下，今明两天江南南部及华南地区有望离开高温的舞台，不过，它带来的强风暴雨将给这些地区带来不利影响。受其影响，昨晚 20 时至今，广东南部沿海地区已出现大雨或暴雨。

42. 问：为什么说这个双休日是一个不寻常的周末？
43. 问：最近一段时间江南及华南地区的天气怎么样？

44. 问：今天广东南部沿海地区的天气怎么样？

第 45 到 47 题是根据下面一段话：
　　华中科技大学常务副校长林萍华首先代表学校向顺利完成学业的李娜、姜山表示祝贺。他指出，在两个人身上有一种精神，那就是不甘落后、进取拼搏的精神，这种精神也是学校精神文化的一个重要组成部分。正是有了这种精神，他们才能在名家、强手如云的网球世界里取得辉煌的成绩；而学校也正是由于坚持这种精神，才能取得今天的发展。他希望两人以后有空儿"常回家看看"，把这种精神与学弟学妹共勉，并祝愿二人在网球运动生涯中再次取得好成绩。
45. 问：这最有可能是什么活动的报道？
46. 问：李娜、姜山是做什么的？
47. 问：文中"常回家看看"是什么意思？

第 48 到 50 题是根据下面一段话：
　　尊敬的各位来宾，老师们、同学们！今天，我们隆重集会，纪念我国现代科学技术的奠基人之一、杰出的教育家和伟大的爱国者叶企孙先生110周年诞辰。首先，请允许我代表清华大学，向光临纪念大会的各位领导、各位来宾和叶企孙先生的亲属们，表示热烈的欢迎和亲切的问候！
　　作为近代物理界的前辈，叶企孙先生在科学研究上有着杰出的成就。叶企孙先生1898年出生于上海，1918年在清华学校毕业后赴美国深造，在哈佛大学获得博士学位。1925年，叶企孙先生受聘来到清华，是清华物理系首任系主任、理学院首任院长。1952年高校院系调整后，叶先生离开了清华，但他一直关心着清华的发展，直到1977年逝世。
48. 问：这是纪念叶企孙先生诞辰多少周年的大会？
49. 问：叶企孙先生在哪方面做出了突出贡献？
50. 问：叶企孙先生出生在哪里？

听力理解考试现在结束。

仿真试卷二
听力理解录音文本

第 一 部 分

请选出正确答案，共 15 题。现在开始第 1 题。

1. 你也不想想，这么大的事儿怎么能瞒得了他呢？
   问：说话人是什么意思？

2. 早知道你要加班没时间去，就不给你买票了。
   问：从这句话我们知道什么？

3. 既然你非去不可，我只好陪你去了。
   问：说话人是什么心情？

4. 这地方可从来没下过这么大的雨。
   问：这句话是什么意思？

5. 你是说上海吗？怎么可能不熟？我曾经在那儿住过好几年呢。
   问：从这句话可以知道什么？

6. 结果如此糟糕，我的心里也不是滋味。
   问：说话人怎么了？

7. 我们班有一半的学生都喜欢足球，但其中只有我们两个女生。
   问：从这句话我们可以知道什么？

8. 这孩子固执得很，谁的建议都听不进去。
   问：这孩子怎么了？

9. 北京有很多地方值得参观，上海也不错，不过，我最喜欢的还是杭州西湖。
   问：从这句话我们知道什么？

10. 幸亏有你帮忙，不然我今天一定会迟到。
    问：这句话是什么意思？

11. 这位年轻的新老师竟然和以前的老师一样有耐心。
    问：说话人是什么意思？

12. 我之所以不买车，不是因为缺钱，也不是因为不喜欢开车，只是担心堵车让人烦心。
    问：对于买车，说话人是什么态度？

13. 你看你，整整迟到了一个小时。不是说好十点半出发的吗？
    问：从这句话我们知道什么？

14. 你也不想想，这么便宜的衬衣，质量能好吗？
    问：说话人是什么意思？

15. 要说聪明，全班没有比迈克更聪明的了，可要说成绩，也没人比他更差了。
    问：迈克怎么样？

第 二 部 分

请选出正确答案，共20题。现在开始第16题。

16. 女：这衣服漂亮是漂亮，但是太贵了。
    男：你真想要的话，给你打个八折吧。
    问：这段话最可能发生在什么地方？

17. 女：上个月我去旅游，当地人说的话我一句都听不懂。
    男：很正常，有些方言连我们中国人也听不懂，更不要说你们外国人了。
    问：从对话我们知道什么？

18. 女：就这么点儿小事儿，打个电话不就行了，您怎么还亲自跑来一趟？
    男：那怎么行？已经够麻烦你们的了，我不亲自来过意不去呀。
    问：这段对话告诉我们什么？

19. 女：听说你爱人出国了，你怎么不一起去旅游啊？
    男：我当然也想去啦，只是，我要是去了谁照顾孩子啊？
    问：男的是什么意思？

20. 女：这衣服漂亮吧？来一件？
    男：漂亮是漂亮，可你不觉得太贵了吗？
    问：男的觉得那件衣服怎么样？

21. 女：想到明天的手术，我还真是有点儿紧张。
    男：有什么好紧张的？你又不是第一次上手术台的实习生。
    问：女的最可能是做什么工作的？

22. 女：妈妈，快来帮帮我。
    男：没看到妈妈正忙着吗？我来帮你吧。
    问：从对话可以知道什么？

23. 女：你真是个中国通啊！
    男：哪里哪里，我不过是因为在中国住了几年，对中国的历史多多少少有一些了解。
    问：男的觉得他自己怎么样？

24. 女：我想买一本《汉字学》，请帮我查一下。
    男：不好意思，这本书已经卖完了。您可以留下电话，我们帮您预订，货到后通知您。
    问：这段对话最可能发生在什么地方？

25. 女：你不是去那家公司求职了吗？结果怎么样？
    男：白跑了一趟！人家公司要求有五年的工作经验，可我才刚毕业，哪儿来的经验。
    问：关于男的，我们知道什么？

26. 女：寒假期间，咱们一家去旅行吧？
    男：我倒是不反对，就是不知道那时候的机票好不好订。
    问：男的是什么意思？

27. 女：李明这次及格了吧？我给他请了好几个辅导老师呢。
    男：你以为请了辅导老师就一定能考及格吗？
    问：关于李明，我们可以知道什么？

28. 女：听说好几个有名的京剧演员都要来咱们这儿演出了。
    男：是啊，我要不是这么大年纪了，非买票去看看不可。
    问：男的是什么意思？

29. 女：听说今年你们班很多人都考上大学了？玛丽考上了吗？
    男：连李明这样的学生都考上大学了，何况玛丽呢？
    问：说话人是什么意思？

30. 女：你觉得这电影怎么样？
    男：徒有虚名，比我想象的差多了！
    问：男的觉得那部电影怎么样？

31. 女：你说现在的孩子都怎么了，我儿子每次来信都写一堆我不明白的词儿。
    男：你儿子算好的，我儿子每次来信，我都得去银行。
    问：从对话可以知道他们的孩子怎么了？

32. 女：丽丽那么聪明，学习当然好啦。
    男：人家学习好可不只是因为聪明。
    问：男的是什么意思？

33. 女：儿子怎么还不起床？都几点了？
    男：他昨天开夜车写报告了，让他多睡会儿吧。
    问：他们的儿子怎么了？

34. 女：毕业演出时，你们班打算演什么节目啊？
    男：这可是我们班的秘密。到时候你就知道了。
    问：男的是什么意思？

35. 女：工作完成得这么顺利，你不高兴吗？咱们来点儿白酒怎么样？
    男：怎么能不高兴？但是，我这身体，别说是白酒，就是啤酒我都不敢喝。
    问：关于男的说的话，哪种理解正确？

第三部分

请选出正确答案，共15题。现在开始第36到38题。

第36到38题是根据下面一段话：

　　这些年，分期付款已经渐渐地被中国人所接受。以前，中国人一般是挣多少钱就花多少钱，甚至多挣钱少花钱，把多余的钱存起来以后花。在城市里，很多家庭在银行里都有存款。从文化上来说，中国人是不习惯提前消费的民族。

　　如果说分期付款是"花明天的钱"，那么，更多的中国人以前习惯的是"花昨天的钱"。不过，随着中国经济的发展和对外开放程度的提高，越来越多的中国人开始接受"花明天的钱"这种消费方式。很多人会利用分期付款的方法来买车、买房，买他们一时没有能力付全款买到的东西。

36. 问：以前，中国人的消费习惯是什么？
37. 问：现在，中国人的消费习惯是什么？
38. 问：人们通常不会利用"明天的钱"来买什么东西？

第39到40题是根据下面一段话：

　　不知道你注意到没有，请客人吃饭的时候，中国和西方对座位的安排有很大的不同。

　　中国人习惯用圆桌子，请朋友来家里吃饭的时候，男女主人一般坐在一起。最重要的位置是房门对面的座位，当然是最重要的客人坐，重要的女客人坐在她丈夫的右边。而在西方国家一般用长方桌子，男主人和女主人分别坐在桌子的两端。最重要的位置是男主人右边的座位和女主人右边的座位，最重要的男客人就坐在女主人右边的座位，最重要的女客人就坐在男主人的右边。

　　总之，中国夫妇一般坐在一起，西方国家却是把夫妇分开；西方国家尽量不让两名男子或两名女子坐在一起，中国人却尽量让男的坐在一起，女的坐在一起。

39. 问：中国人请客人吃饭时，男女主人一般会怎么坐？
40. 问：外国人请客人吃饭时，最重要的女客人坐在哪个位置？

第41到44题是根据下面一段话：

　　女人的平均寿命比男性高，几乎每个国家都是这样。原因有很多，但是，一个最重要的原因是：女人话多。

　　说话是人们交流思想表达意见的重要方式。女人，尤其是中老年女人，特别爱说话，爱唠叨。这看起来好像是缺点，实际上，这正是她们缓解压力、解决心理痛苦的重要方式。心里有话就说出来，确实对健康有利。遇到不高兴的事儿，女人还爱哭，这对健康同样有很大的好处。

　　而男人就不同了。中国有句俗话说"男儿有泪不轻弹"，男人即使遇到再大的困难，也不能掉眼泪。这样时间长了就会影响身体的健康。有很多男性，特别是一些知识分子，头脑很清楚，从来不说一句没有用的话。这虽然是一种优点，但是，从生理上说，由于他们不像女人那样通过多说话缓解压力,也就缺少了女人自我保护的这种手段。

其实,不管是男人还是女人,都应该生活得轻松一点儿,男人在八小时工作以外也应该多交一些朋友,多和别人说说话、谈谈心,这样对健康是很有好处的。

41. 问:女性的平均寿命比男性高的最重要的原因是什么?
42. 问:一个人爱说话有什么好处?
43. 问:为了健康,男人应该怎么做?
44. 问:根据文章,哪些人最爱说话?

第45到47题是根据下面一段话:

人终究是要死的,这一点无人怀疑。可人究竟能活多大岁数呢?

生命科学方面的学者认为,人的极限寿命约为150年,一个人不可能活过这个极限。他们认为,人的原始胚胎细胞最多分裂50次,当接近这个次数时,人的寿命也就相应地到了尽头。

在现实生活中,超过百岁的人也有一些。在长寿人群中,有一个显著特征是值得人们研究的,那就是长寿的遗传性。中国新疆的沙拉依一家就是一个长寿家庭,他母亲去世时110岁,他哥哥135岁去世,而他本人在1986年时就已137岁了。由此可见,遗传与寿命的长短密切相关。

也曾经有机构做过调查,世界上有4个地方被认为是长寿之乡。分别是保加利亚的多彼山区、格鲁吉亚、厄瓜多尔的洛哈省、中国的新疆维吾尔自治区。在这些地方,每10万人口中就有四五十个百岁以上的老人。由此可见,长寿也有一定的地域性。

45. 问:生命科学的学者认为,人类最多能活多少岁?
46. 问:长寿和哪些因素有关?
47. 问:下列哪个地区不是文章提到的长寿之乡?

第48到50题是根据下面一段话:

熊猫又名大熊猫,主要分布于中国的四川、陕西、甘肃等地。喜欢住在湿度很大、温差也很大的高山竹林中。

熊猫的性情温顺,很少主动发起攻击,它们的眼睛和耳朵都不太灵敏,因此视觉和听觉都相当迟钝,但是鼻子很灵敏,嗅觉特别好。它们身躯很笨重,但是善于攀爬、会游泳,遇到敌人的时候,常常可以迅速爬到大树上。

熊猫很喜欢吃竹子,偶尔也会吃一些小动物、鸟蛋或者野果子,它们的消化能力很强,食量也很大,在自然环境中,一天要吃几十公斤竹子。

随着环境的恶化,适合大熊猫生活的地域越来越小,适合大熊猫吃的食物也越来越少,大熊猫也逐渐成为需要重点保护的动物,甚至有人说它是中国的国宝。

48. 问:大熊猫喜欢住在什么样的地方?
49. 问:关于大熊猫的说法哪一项不正确?
50. 问:熊猫最喜欢的食物是什么?

听力理解考试现在结束。

仿真试卷三
听力理解录音文本

第一部分

请选出正确答案,共 15 题。现在开始第 1 题。

1. 希望我们这次的合作能够成功,来,干杯!
   问:这句话是什么时候说的?

2. 今年我都 32 了,已经是孩子的妈妈了。看不出吧?
   问:说话人是什么语气?

3. 在外边混了这么多年,终于又回到生我养我的地方啦!
   问:说话人回到什么地方了?

4. 去不了就去不了呗,你干吗这么伤心?以后还有很多机会的。
   问:说话人在做什么?

5. 听他这么一说我的心一下儿就凉了。
   问:说话人现在的心情怎么样?

6. 没想到几个年轻人竟然能把公司搞得这么红火。
   问:说话人是什么意思?

7. "不到长城非好汉",今天我终于成了一名好汉。
   问:说话人的意思是什么?

8. 前方到站是博物馆,有换乘 102 路、55 路、9 路公交车的乘客请您下车。
   问:在这个车站不能换乘哪路公交车?

9. 您好!我是收水费的,麻烦您交一下儿水费,两个月一共是 34.5 元。
   问:说话人要收几个月的水费?

10. 他们改变了计划,我的计划也玩儿完了。
    问:说话人是什么意思?

11. 买东西的时候要多说东西的缺点,这样老板才会给你一个好价钱。
    问:为什么买东西的时候要多说东西的缺点?

12. 这日子可真难熬啊!
    问:说话人觉得时间过得怎么样?

13. 这里窗帘的颜色可真多啊！红的不错，绿的和蓝的也可以，花的最好。
    问：说话人最喜欢哪种窗帘？

14. 您这儿有巴金的《家》和鲁迅的《狂人日记》吗？
    问：说话人想买什么？

15. 太好了！我终于收到大会的邀请信了，我得赶快准备一下论文。
    问：说话人被邀请参加什么活动？

第 二 部 分

请选出正确答案，共20题。现在开始第16题。

16. 男：最近怎么一直没看见你？
    女：我去上海的朋友那里小住了几日。
    问：女的去了多久？

17. 男：你怎么总是跟我唱对台戏，我说什么你都反对。
    女：咱们一起生活了这么多年，你听过我的话吗？
    问：男的是什么意思？

18. 男：今天我吃了一个大亏，别人花50块钱买的裤子，我花了100。
    女：你们男的买东西就是不行。
    问：男的是什么意思？

19. 男：你现在就开始准备下个月的考试啦？
    女：我这是笨鸟先飞，比不得你们这些聪明人。
    问：女的是什么意思？

20. 男：您好！请出示您的驾驶证！
    女：同志！实在抱歉，我太着急了，没有注意红灯。
    问：男的最有可能是什么职业？

21. 男：我像你这么大的时候可没有你这么调皮啊！
    女：可是，爷爷，你不是说我爸爸小的时候也常常跑出去玩儿吗？
    问：这两个人最有可能是什么关系？

22. 男：行了，行了，我说不过你们，你和小王总穿一条裤子。
    女：我们俩关系好啊！
    问：男的是什么意思？

23. 男：您好！我要订一个包间，十二个人，明天中午十一点半到。
    女：好的，马上帮您安排！
    问：男的计划什么时候到饭店吃饭？

24. 男：天气预报说明天有中到大雨，所以我们的春游计划泡汤了。
    女：太可惜了！大家都盼了好长时间了。
    问：女的是什么态度？

25. 男：您的表演真是太精彩了，请您再为我们表演一曲吧！
    女：非常抱歉，今天身体不适，不能再为大家表演了。
    问：女的为什么不能再表演了？

26. 男：您早饭一般都吃什么啊？
    女：鸡蛋、面包，还有牛奶，不过今天早上我没吃面包，吃了一根油条。
    问：女的今天早上吃的什么？

27. 男：这里怎么这么冷清，我感觉这里的环境和菜的味道都不错啊！
    女：八成是因为这家饭店刚营业不久，人们还不知道吧。
    问：为什么这家饭店很冷清？

28. 男：请问王经理什么时候有时间？我想向他汇报一下工作。
    女：对不起，王经理在开会。嗯，现在是三点，两个小时以后你再来吧！
    问：女的让男的什么时候再来？

29. 男：什么时候我们也能住上这么宽敞的房子啊？！
    女：你要是节省一点儿，不这么乱花钱，我们早就买大房子了。
    问：他们为什么没有住上大房子？

30. 男：咦？我的日历上3号是星期一，你的日历上怎么是星期三啊？
    女：呵呵，你那本日历是去年的。
    问：3号应该是星期几？

31. 男：我明明看见一个穿蓝色上衣、灰色裤子，戴着墨镜的人在跟踪我，怎么这会儿不见了？
    女：大白天的，谁会跟踪你啊？！
    问：跟踪的人穿什么颜色的裤子？

32. 男：这种黄色的药片一天吃三次，每次一片，这种白色的药片每天吃两次，一次两片。记住了啊！
    女：谢谢大夫！
    问：白色的药片一天一共吃几片？

33. 男：这么多杯子，哪种好啊？
    女：钢的质量好一些，不过贵一点儿。瓷的也可以，价钱也便宜一些！那种塑料的最便宜，不过不耐用。您还是买个好一点儿的吧！
    问：女的建议男的买哪种杯子？

34. 男：请您谈谈对80后年轻人的印象，谢谢！
    女：我觉得80后的年轻人知识丰富、接受能力强、思维活跃，不过还缺少一些经验。
    问：女的觉得80后年轻人有什么不足？

35. 男：请问，去新华书店怎么走？
    女：一直走，在第二个十字路口往左拐，那里有一个大商场，书店在商场的一楼。
    问：新华书店在什么地方？

第 三 部 分

请选出正确答案，共 15 题。现在开始第 36 到 39 题。

第 36 到 39 题是根据下面一段对话：

王林：约翰、玛丽，我们一起去吃饭吧！今天我做东，你们一直帮我学习英语，我得好好儿谢谢你们。

玛丽：谢谢，谢谢！王林，你太客气了。

约翰：哎！王林，你刚才说的"做东"是什么意思啊？

王林："做东"也就是请客、做主人的意思。中国人请客吃饭的时候常常会说"今天我做东"。

玛丽：那中国人为什么把"请客、做主人"说成"做东"呢？

王林：这大概跟中国古代的一些待人接物的规矩有关系。中国古代建造的房屋大都是坐北朝南的。有地位或富裕的人家，房子的正中是客厅，在厅中朝南摆放两个座位，一东一西。接待客人时，主人总是先把客人迎到西边的座位上，然后自己才在东边的座位上坐下，所以主人又被称为"东道主"或"东道"，简称为"东"。做"主人"，自然就变成"做东"了。如果某个国家举办国际性的运动会或专项比赛，也可以自称为"东道主"或"东道国"。

约翰：真有意思，中国的文化真是太丰富了。谢谢你，王林，今天你做东，明天我们做东啊！

36. 对话的人中有几个外国人？
37. 今天王林为什么要请客？
38. 中国古代接待客人的时候，一般让客人坐在什么位置？
39. 在国际比赛时，举办国被称为什么？

第 40 到 42 题是根据下面一段话：

"男孩儿之家"是专业的男孩儿成长援助机构，它集心理、教学、体能训练于一体。"男孩儿之家"不仅进行日常的体能训练，还安排丰富多彩的活动，促进男孩儿的生长发育，以达到强身健体的目的。同时，"男孩儿之家"以心理辅导的方式帮助孩子们提升自信心、增强沟通能力、增加学习兴趣，也培养他们积极面对挫折和困难的能力，让他们积极面对生活。培养孩子良好的生活习惯也是我们的任务之一。"男孩儿之家"暑期正热招年龄在 6～15 岁的男孩儿，共 40 名，长期班和短期班各 20 名。

联系电话：010-56785678

联系人：高老师、王老师

40. "男孩儿之家"主要做什么？
41. "男孩儿之家"招收多大的孩子？
42. "男孩儿之家"的长期班招收多少名孩子？

第 43 到 46 题是根据下面一段话：

千岛湖人爱水，首先体现在他们对家乡这片水域的珍惜。浙江是众所周知的经济大省，而位于浙江西部千岛湖附近的区域历来属于经济不发达地区，这里几乎没有什么重工业，而且没有纺织、农药、皮革等高污染行业。无论当地政府还是普通老百姓做任何事情都有一个前提，就是要保护水源。千岛湖人是智慧的，他们十分清楚保护水源意味着什么。农夫山泉、千岛湖啤酒和千岛湖茶叶是当地乃至全国都很有名的品牌。千岛湖还以其独有的美丽景色，每年吸引大批的游客，带动了当地旅游业的发展。

43. 千岛湖在浙江省的什么地方？
44. 千岛湖附近有哪些重工业？
45. 下列哪一项不是千岛湖的名牌产品？
46. 千岛靠什么吸引大批的游客？

第 47 到 50 题是根据下面一段话：

7、8月份是旅游旺季，两岸多家航空公司表示将在8月底新增飞往台湾的航线。据介绍，南方航空公司将新增从长沙到台湾的航线。目前时间定为每周一、周五，该航线首航预计在8月底。东方航空公司将于8月31日正式启动往返于两岸的航班，在上海、南京、昆明、西安、武汉五个城市的基础上，又增加宁波、青岛、合肥、南昌四个城市，东方航空公司到台湾的航线增加至九条。目前，台湾的长荣航空公司每周一、周五各有一个航班往返于广州和桃园。从8月31日起，周日会增加一个航班。

47. 各家航空公司计划什么时候增加飞往台湾的航线？
48. 南方航空公司新增了从哪个城市到台湾的航线？
49. 东方航空公司将有几条航线到台湾？
50. 台湾的长荣航空公司在星期几增加了一个航班？

听力理解考试现在结束。

仿真试卷四
听力理解录音文本

第一部分

请选出正确答案，共 15 题。现在开始第 1 题。

1. 与其花那么多钱去打高尔夫，不如陪家人在家好好儿休息。
   问：说话人是什么意思？

2. 孩子，你怎么自己一个人跑来了？妈妈呢？
   问：关于孩子，我们可以知道什么？

3. 今年夏天真不错，去年这时候已经热得让人受不了了。
   问：说话人觉得去年的夏天怎么样？

4. 你来得可真早，电影都开始半个多小时了。
   问：说话人是什么意思？

5. 幸亏你给我打电话，否则我今早上肯定又得迟到。
   问：这句话是什么意思？

6. 这衣服样式时尚，面料也不错，就是大小不太合适。
   问：说话人是什么意思？

7. 就算你是名牌大学的毕业生，没有实际工作经验的话也不能做好这项工作。
   问：下面哪句话是正确的？

8. 看不出来他还真有两下子，这么快就修好了电脑。
   问：说话人是什么意思？

9. 你不就是演出的时候穿一下吗？去借一件，穿完了还回去就行了。
   问：说话人是什么意思？

10. 没有孩子的家庭算什么家啊？
    问：说话人是什么意思？

11. 难道你还想等你老了，你儿子会在身边照顾你吗？
    问：这句话是什么意思？

12. 你看，名牌就是名牌，穿上名牌感觉就是不一样。
    问：说话人怎么看待名牌？

13. 孩子这么小就给他念书,他能听懂什么呀?
    问:说话人是什么意思?

14. 你可真大方,现在一百块钱能买什么东西啊?
    问:说话人是什么意思?

15. 一个月光租金就要三千块,我哪儿租得起呀?
    问:说话人是什么意思?

第 二 部 分

请选出正确答案,共 20 题。现在开始第 16 题。

16. 女:你打算什么时候买汽车啊?
    男:我现在哪儿有钱买车?不过,就算有了钱,我也宁愿去买房子。
    问:男的是什么意思?

17. 女:怎么样?妈妈今天好点儿了吗?
    男:已经好多了,但是,还是有点儿不舒服,早饭也没吃多少。
    问:妈妈今天怎么样?

18. 女:我这病严重吗?要不要住院啊?
    男:没事儿,我给你开点儿药,再休息几天就好了。
    问:这段对话最可能发生在什么地方?

19. 女:房间打扫干净了吗?
    男:你瞧瞧我这记性,把这事儿忘得干干净净。
    问:关于这段对话,哪种理解正确?

20. 女:孩子怎么在那儿哭啊,是因为我回来晚了吗?
    男:还不是因为这次考试的成绩!跟你压根儿没关系。
    问:孩子为什么哭?

21. 女:我今年都七十五了。
    男:您哪儿有七十五啊?您说您五十七我都信。
    问:男的是什么意思?

22. 女:小王会来听今天的音乐会吗?
    男:除非他生病,否则一定会来的。
    问:关于小王,我们知道什么?

23. 女:你说的那种邮票现在很少见了,贵着呢!
    男:那可不!一张要好几百块钱呢。
    问:男的是什么意思?

24. 女：我印象中你今年该毕业了吧？
    男：早着呢。
    问：从对话我们知道什么？

25. 女：我那房子什么都方便，就是租金高一些。很多人都觉得那地方好，但是谈到租金就会犹豫不决。
    男：你放心，只要房子的条件好，租金不是问题。
    问：男的是什么意思？

26. 女：请问这三万块您要存定期还是活期？
    男：两万存定期，一万存活期，都要设密码。
    问：这段对话最可能发生在什么地方？

27. 女：这鬼天气，真烦人。好好儿的怎么突然下雨了？
    男：俗话常说嘛，"六月的天，娃娃的脸"，说变就变。
    问：男的是什么意思？

28. 女：你常和邻居们聊天儿吗？
    男：别说聊天儿了，就连邻居们的面都很少见。
    问：男的跟邻居的关系怎么样？

29. 女：你打算什么时候结婚呢？
    男：我现在没有钱，没有房子，怎么结婚呢？
    问：男的是什么意思？

30. 女：小王，你也来一首吧！
    男：我那唱歌的水平您还不知道？这不是难为我吗？
    问：小王是什么意思？

31. 女：周末咱们去老舍茶馆儿喝茶吧。
    男：喝茶倒不是不行，但为什么非去茶馆儿不可呢？
    问：从对话我们知道什么？

32. 女：快看，马路对面的人在干什么呢？
    男：有什么好看的？没见过打架啊？
    问：男的是什么意思？

33. 女：我猜，你是学音乐的吧？
    男：你怎么知道的？
    问：从对话我们知道什么？

34. 女：要是有合适的人选，给小李介绍个男朋友吧。
    男：原来她还没对象啊？我还以为她早有了呢！
    问：男的是什么意思？

35. 女：我这么跟经理说行不行？
    男：你要是真这么说，经理不生气才怪呢！
    问：男的是什么意思？

第 三 部 分

请选出正确答案，共 15 题。现在开始第 36 到 38 题。

第 36 到 38 题是根据下面一段话：

有人说男人和女人其实是两种不同的动物。这样说尽管有些夸张，但是，男人和女人确实有很多不同，如果大家了解了这些不同，生活中就会减少很多麻烦。

比如：在工作中或生活中遇到困难的时候，女人往往是去找人聊天儿，她要把心里的话说出来，她这时候需要的是一个听众。而男人遇到困难的时候则喜欢自己待一会儿，他需要自己想出办法。这时候，女人最好什么都不要说，或者只给他倒一杯茶就够了。否则，男人只会觉得女人很烦。

还有一点不同，那就是在语言的使用上。男人说话时一般会尽可能使用准确的词语，女人则不是。比如：女人有时候会说："你已经好久好久没带我去看电影了。"男人听了可能会说："什么？好久好久？两个星期前我们不是刚去看过吗？"其实，女人说那句话的意思只是希望男人带她去看电影，而有些男人可能并不明白这一点。

36. 问：遇到困难的时候，女人常常怎么做？
37. 问：女人说"你已经好久好久没有带我去看电影了"是什么意思？
38. 问：这段话的主要观点是什么？

第 39 到 41 题是根据下面一段话：

中国造酒已有四千多年的历史。千百年来，酒与人们的生活结下了不解之缘。好友聚会、国宴家宴都少不了它。中国人请客吃饭时总少不了互相敬酒、劝酒甚至逼酒，以喝醉为尽兴的标志。也难怪，酒的妙用很多：辛苦了一天，喝点儿酒能消除疲劳；遇到喜事，喝点儿酒能增添欢乐气氛；心情不好时，喝点儿酒能消愁解闷儿；还有人认为，酒有利于身体健康，有俗语说"每天一杯酒，活到九十九"，可见人们对酒的喜爱。

39. 问：根据短文，喝酒有什么好处？
40. 问："每天一杯酒，活到九十九"是什么意思？
41. 问：这段话的主要内容是什么？

第 42 到 46 题是根据下面一段话：

北京城到底有多少胡同？老北京人说："有名的胡同三百六，没名的胡同似牛毛。"意思是说北京的胡同多得数不清。

北京的胡同长短不一、宽窄不同。最长的胡同有六七公里，最短的只有三十来米，最窄的胡同只有四十厘米，胖一点儿的人甚至没有办法通过。

胡同的名称也各种各样，大致说来，一般有四种命名方式：一是用人名来给胡同命名，有用历史人物的名字命名的，也有用普通百姓的名字命名的。二是用市场或商品的名字命名，如：花市胡同、灯市口胡同、菜市口胡同、帽儿胡同、椅子胡同等。还有用建筑物的名字命名的,建筑物的范围很广,既有寺庙、花园,也有学校、工厂什么的。另外,还有根据地形命名的,如大喇叭胡同、小喇叭胡同,都是根据它的形状特点命名的。

42. 问:"有名的胡同三百六,没名的胡同似牛毛"是什么意思?
43. 问:北京最长的胡同有多长?
44. 问:"大喇叭胡同"是根据什么命名的?
45. 问:文章没有提到胡同的哪种命名方式?
46. 问:最适合这篇文章的标题是什么?

第47到50题是根据下面一段话:

中国人的名字往往有一定的含义,反映了中国的文化传统和心理特点。由于家长和社会对男孩儿和女孩儿的期望不同,男女起名是有区别的。

男子的名字中常见"富、贵、寿、俊、杰"等字,这意味着父母希望自己的儿子将来能发家、富贵、健康、有才能。男子的名字中也常有表示勇猛、雄伟、光明、力量的字,如:牛、虎、龙、山、海、雷等。

女人的名字中则常有表示美好吉祥的女字旁的字,如:娥、姣、娴等;有时候也常用表示美丽的动植物及自然景物来起名,如:凤、燕、莺、菊、兰、云、霞等;表示色彩的字也常常用在女孩子的名字里,如:彩、碧、红、素等,都是希望女孩子漂亮、温柔、贤惠。

47. 问:为什么男女起名是有区别的?
48. 问:男人的名字中常常有表示哪些意思的字?
49. 问:下面哪个名字最可能是女孩儿的名字?
50. 问:这段话的主要内容是什么?

听力理解考试现在结束。

仿真试卷一参考答案

一、听力理解

1. C	8. A	15. C	22. C	28. C	34. B	40. B	46. A
2. A	9. B	16. B	23. B	29. B	35. C	41. D	47. C
3. A	10. D	17. C	24. D	30. D	36. B	42. A	48. B
4. C	11. A	18. D	25. A	31. C	37. C	43. C	49. C
5. B	12. D	19. C	26. C	32. C	38. D	44. D	50. B
6. D	13. B	20. D	27. C	33. D	39. A	45. B	
7. D	14. D	21. B					

二、语法结构

51. C	55. D	59. B	63. C	67. C	71. B	75. C	78. C
52. B	56. C	60. A	64. D	68. D	72. A	76. D	79. D
53. A	57. A	61. A	65. C	69. C	73. D	77. B	80. A
54. A	58. B	62. B	66. B	70. A	74. B		

三、阅读理解

81. B	88. C	95. D	101. B	107. A	113. B	119. D	125. B
82. B	89. C	96. A	102. D	108. B	114. A	120. C	126. C
83. B	90. A	97. C	103. C	109. D	115. D	121. B	127. C
84. C	91. D	98. D	104. D	110. B	116. C	122. D	128. D
85. A	92. C	99. C	105. C	111. A	117. D	123. C	129. B
86. D	93. A	100. B	106. D	112. C	118. B	124. A	130. D
87. D	94. C						

四、综合填空

131. A	136. A	141. B	146. C	151. C	156. 变	161. 聘	166. 同
132. C	137. B	142. B	147. B	152. D	157. 杂	162. 行	167. 费
133. B	138. B	143. B	148. C	153. A	158. 子	163. 个	168. 者
134. D	139. D	144. A	149. C	154. B	159. 础	164. 了	169. 美
135. D	140. A	145. D	150. A	155. 式	160. 种	165. 号	170. 单

仿真试卷二参考答案

一、听力理解

1. B	8. C	15. C	22. B	28. D	34. D	40. C	46. A
2. C	9. C	16. C	23. D	29. A	35. D	41. C	47. D
3. D	10. A	17. B	24. B	30. C	36. D	42. A	48. B
4. B	11. B	18. C	25. C	31. B	37. A	43. D	49. A
5. D	12. D	19. C	26. D	32. D	38. C	44. A	50. A
6. B	13. B	20. C	27. A	33. C	39. A	45. A	
7. A	14. B	21. B					

二、语法结构

51. B	55. C	59. A	63. C	67. A	71. A	75. A	78. A
52. D	56. A	60. C	64. D	68. A	72. C	76. C	79. D
53. D	57. D	61. B	65. B	69. B	73. A	77. B	80. A
54. A	58. A	62. A	66. B	70. C	74. C		

三、阅读理解

81. D	88. B	95. B	101. B	107. A	113. B	119. B	125. D
82. C	89. A	96. B	102. A	108. A	114. D	120. A	126. C
83. D	90. C	97. B	103. D	109. D	115. D	121. C	127. B
84. B	91. B	98. B	104. B	110. A	116. C	122. B	128. B
85. C	92. A	99. C	105. C	111. D	117. D	123. B	129. C
86. A	93. C	100. C	106. C	112. B	118. D	124. A	130. D
87. C	94. B						

四、综合填空

131. C	136. D	141. B	146. A	151. A	156. 座	161. 貌	166. 惑
132. B	137. B	142. B	147. B	152. B	157. 以	162. 所	167. 也
133. D	138. B	143. A	148. A	153. C	158. 证	163. 安	168. 弃
134. A	139. A	144. D	149. D	154. B	159. 显	164. 兴	169. 永
135. B	140. B	145. C	150. A	155. 时	160. 脆	165. 播	170. 使

仿真试卷三参考答案

一、听力理解

1. C	8. D	15. A	22. C	28. C	34. D	40. D	46. A
2. A	9. B	16. D	23. B	29. C	35. B	41. C	47. D
3. D	10. C	17. C	24. B	30. C	36. B	42. A	48. A
4. B	11. D	18. A	25. C	31. B	37. C	43. C	49. D
5. B	12. B	19. C	26. B	32. B	38. B	44. D	50. D
6. C	13. D	20. D	27. A	33. A	39. C	45. C	
7. D	14. D	21. A					

二、语法结构

51. B	55. B	59. C	63. C	67. D	71. D	75. A	79. C
52. D	56. C	60. B	64. B	68. C	72. A	76. D	80. B
53. D	57. C	61. B	65. C	69. D	73. C	77. B	
54. B	58. A	62. A	66. A	70. B	74. D	78. C	

三、阅读理解

81. D	88. A	95. C	101. C	107. A	113. D	119. D	125. A
82. C	89. D	96. C	102. D	108. B	114. A	120. D	126. C
83. D	90. B	97. A	103. C	109. D	115. C	121. C	127. D
84. B	91. C	98. D	104. C	110. B	116. A	122. B	128. B
85. C	92. C	99. C	105. B	111. C	117. D	123. C	129. D
86. D	93. A	100. B	106. A	112. C	118. C	124. D	130. D
87. C	94. A						

四、综合填空

131. B	136. A	141. B	146. A	151. A	156. 件	161. 时	166. 亮
132. A	137. A	142. A	147. B	152. B	157. 过	162. 客	167. 装
133. C	138. C	143. D	148. D	153. B	158. 力	163. 则	168. 打
134. D	139. B	144. B	149. B	154. C	159. 化	164. 块	169. 给
135. B	140. D	145. C	150. D	155. 色	160. 种	165. 成	170. 于

仿真试卷四参考答案

一、听力理解

1. B	8. A	15. C	22. D	28. B	34. B	40. C	46. B
2. D	9. B	16. C	23. B	29. A	35. B	41. B	47. C
3. A	10. A	17. D	24. C	30. C	36. A	42. D	48. A
4. C	11. B	18. C	25. C	31. B	37. B	43. C	49. D
5. C	12. B	19. D	26. C	32. A	38. D	44. A	50. D
6. D	13. A	20. B	27. C	33. A	39. A	45. D	
7. A	14. C	21. C					

二、语法结构

51. A	55. D	59. B	63. C	67. C	71. A	75. B	78. C
52. B	56. C	60. B	64. A	68. D	72. C	76. C	79. B
53. D	57. B	61. C	65. C	69. A	73. D	77. A	80. B
54. C	58. D	62. D	66. B	70. D	74. B		

三、阅读理解

81. C	88. D	95. C	101. A	107. C	113. A	119. C	125. C
82. A	89. A	96. A	102. C	108. A	114. B	120. B	126. A
83. D	90. C	97. B	103. A	109. A	115. A	121. B	127. C
84. C	91. B	98. A	104. A	110. D	116. B	122. A	128. A
85. A	92. D	99. A	105. D	111. B	117. C	123. C	129. C
86. B	93. A	100. A	106. A	112. C	118. D	124. B	130. C
87. B	94. B						

四、综合填空

131. B	136. A	141. B	146. A	151. D	156. 眼	161. 活	166. 独
132. B	137. C	142. B	147. B	152. D	157. 失	162. 浸	167. 绝
133. B	138. B	143. B	148. B	153. A	158. 冒	163. 洗	168. 底
134. A	139. A	144. A	149. B	154. A	159. 貌	164. 养	169. 点
135. B	140. B	145. B	150. B	155. 当	160. 通	165. 出	170. 差

图书在版编目（CIP）数据

60天攻克HSK新题库．初、中等・第三辑／步延新，伏学凤编著．—北京：北京语言大学出版社，2009.11
　ISBN 978-7-5619-2471-6

　Ⅰ.6… Ⅱ.①步…②伏… Ⅲ.汉语—对外汉语教学—水平考试—习题 Ⅳ.H195-44

　中国版本图书馆CIP数据核字（2009）第188915号

书　　名：	60天攻克HSK新题库．初、中等・第三辑
责任编辑：	王　磊
责任印制：	汪学发

出版发行：	北京语言大学出版社
社　　址：	北京市海淀区学院路15号　邮政编码：100083
网　　址：	www.blcup.com
电　　话：	发行部　82303650/3591/3651
	编辑部　82303390
	读者服务部　82303653/3908
	网上订购电话　82303668
	客户服务信箱　service@blcup.net
印　　刷：	北京新丰印刷厂
经　　销：	全国新华书店
版　　次：	2009年11月第1版　2009年11月第1次印刷
开　　本：	787毫米×1092毫米　1/16　印张：试卷 1－4各1.25印张
	录音文本1.75印张　答题卡　4张
字　　数：	144千字　印数：1－3000册
书　　号：	ISBN 978-7-5619-2471-6/H·09192
定　　价：	26.00元

凡有印装质量问题，本社负责调换，电话：82303590

汉语水平考试

HSK（初中等）

仿真试卷一

注 意

一、HSK（初中等）分四部分：
   1. 听力理解（50题，约30分钟）
   2. 语法结构（30题，20分钟）
   3. 阅读理解（50题，60分钟）
   4. 综合填空（40题，30分钟）
   全部考试时间约需140分钟。

二、答案要写在答卷上。比如答案是C，要这样画：[A] [B] ■ [D]。

三、应在规定的时间完成规定的试题。

四、要按照主考的要求进行考试。

一、听 力 理 解

(50题，约30分钟)

第 一 部 分

请选出正确答案，共15题。

1. A. 中秋节
   B. 端午节
   C. 新年
   D. 圣诞节

2. A. 飞机
   B. 火车
   C. 汽车
   D. 飞机和火车

3. A. 前年
   B. 去年
   C. 今年
   D. 明年

4. A. 应该早点儿过去
   B. 小刘过不去
   C. 不应该骗小刘
   D. 小刘不好

5. A. 高兴
   B. 不耐烦
   C. 吃惊
   D. 失望

6. A. 老师的地方
   B. 古老的地方
   C. 老人的地方
   D. 常常见面的地方

7. A. 服务员
   B. 管理员
   C. 售货员
   D. 售票员

8. A. 一月
   B. 二月
   C. 十一月
   D. 十二月

9. A. 同事
   B. 丈夫
   C. 老板
   D. 老爸

10. A. 衣服的颜色
    B. 眼镜的样式
    C. 手里的东西
    D. 皮鞋的样式

11. A. 滑雪
    B. 滑冰
    C. 游泳
    D. 滑雪、滑冰和游泳

12. A. 高温
    B. 干旱
    C. 有小雨
    D. 有大雨

13. A. 启事
    B. 广告词
    C. 天气预报
    D. 路标

14. A. 飞机场
    B. 地铁站
    C. 公共汽车站
    D. 火车站

15. A. 有压岁钱不好
    B. 给孩子压岁钱不好
    C. 给孩子太多压岁钱不好
    D. 没有压岁钱不好

第 二 部 分

请选出正确答案，共 20 题。

16. A. 这个机会很好
    B. 这个机会不好
    C. 现在不用着急
    D. 还有很多机会

17. A. 有能力
    B. 有出息
    C. 没勇气
    D. 很能干

18. A. 中秋节
    B. 端午节
    C. 元旦
    D. 春节

19. A. 生病了
    B. 吃错药了
    C. 心情不好
    D. 身体不舒服

20. A. 穿漂亮衣服
    B. 穿礼服
    C. 找工作
    D. 结婚

21. A. 说教
    B. 打
    C. 不管
    D. 批评

22. A. 一个头上有很多毛的人
    B. 一个经验丰富的人
    C. 一个男青年
    D. 一个女青年

23. A. 鼓励
    B. 安慰
    C. 批评
    D. 指责

24. A. 夫妻
    B. 父女
    C. 同事
    D. 师生

25. A. 回故乡
    B. 走路
    C. 到地里去
    D. 种地

26. A. 都喜欢黄色
    B. 经常在一起
    C. 已经分手了
    D. 不太清楚

27. A. 生日宴会
    B. 结婚典礼
    C. 酒店开业
    D. 同学聚会

28. A. 平静
    B. 开心
    C. 悲伤
    D. 兴奋

29. A. 教师
    B. 理发师
    C. 售货员
    D. 工程师

30. A. 失学儿童
    B. 贫困家庭
    C. 孤儿
    D. 灾民

31. A. 很时髦
    B. 很一般
    C. 样式不好看
    D. 颜色不好看

32. A. 为了工作
    B. 为了学习
    C. 为了倒时差
    D. 睡懒觉

33. A. 生日
    B. 节日
    C. 结婚纪念日
    D. 工作 50 周年

34. A. 让骗他的人把东西拿走
    B. 让骗他的人承担后果
    C. 请骗他的人吃很多东西
    D. 不追究骗他的人的责任

35. A. 因为没有水吃
    B. 因为和尚没有水吃
    C. 因为她们不打扫房间
    D. 因为她们不准备考试

第 三 部 分

请选出正确答案，共 15 题。

36. A. 7月12日
    B. 7月22日
    C. 2月17日
    D. 2月7日

37. A. 8：00～9：00
    B. 9：00～10：00
    C. 9：00～9：30
    D. 9：30～10：00

38. A. 观测的位置
    B. 观测的时间
    C. 所用的工具
    D. 当时的天气

39. A. 1989年
    B. 1998年
    C. 1988年
    D. 1999年

40. A. 打扫卫生
    B. 练习基本动作
    C. 表现自己
    D. 锻炼身体

41. A. 成为班长
    B. 早点儿起床
    C. 寻找动力
    D. 成为旗手

42. A. 因为台风登陆了
    B. 因为天气很凉快
    C. 因为是高温天气
    D. 因为下雨了

43. A. 暖和
    B. 多雨
    C. 高温
    D. 大风

44. A. 闷热
    B. 高温
    C. 下小雨
    D. 下暴雨

45. A. 开学典礼
    B. 毕业典礼
    C. 结婚典礼
    D. 开业典礼

46. A. 运动员
    B. 校长
    C. 教练
    D. 工作人员

47. A. 常常回家
    B. 常常回国
    C. 常常回母校
    D. 常常回老家

48. A. 100 年
    B. 110 年
    C. 101 年
    D. 111 年

49. A. 化学
    B. 生物
    C. 物理
    D. 数学

50. A. 哈佛
    B. 上海
    C. 北京
    D. 清华

二、语法结构

（30题，20分钟）

第 一 部 分

> 选择恰当的位置，共10题。

51. 这个 A 问题 B 不是 C 就已经解决 D 了吗？
　　　　　　　　早

52. A 这个小镇的生活 B 他来说 C 是 D 最丰富多彩的。
　　　　　　　　　　　　对

53. 每个月 A 忙我 B 也 C 会去 D 看望我的老母亲。
　　　　　　　　　　再

54. A 不是 B 每个人 C 都 D 适合剧烈的运动。
　　　　　　并

55. 参加此次会议 A 的 B 有一百 C 五十 D 人。
　　　　　　　　　多

56. 找 A 对象的时候一定要 B 找 C 门当户对 D 的。
　　　　　　　　　　　　　个

57. 他白 A 我 B 一眼 C 说："这是我自己的事 D。"
　　　　　　　　　　　了

58. A 这美妙的音乐 B 他 C 回到了 D 欢乐的童年。
　　　　　　　　让

59. 道路 A 增加的速度 B 没有汽车 C 增加的速度 D 快。
　　　　　总是

60. A 这样精美的 B 小公园在这个安静的 C 城市中 D 随处可见。
　　像

— 7 —

第 二 部 分

选词填空，共20题。

61. 在他的再三暗示_____，我终于明白了他的意思。
    A. 之下
    B. 之上
    C. 之前
    D. 之外

62. 坚强、勇敢、慷慨而又会赚钱的男人，大概只有在电影里面才能找得_____。
    A. 完
    B. 到
    C. 了
    D. 好

63. _____应付外资下降的负面影响，中国将大力改善投资环境。
    A. 因为
    B. 假如
    C. 为了
    D. 如果

64. 这种幸福可不是每个人都可以感受到的_____！
    A. 吗
    B. 呢
    C. 呗
    D. 啊

65. 张先生_____中华民族独特的民间艺术形式，将中国传统艺术在海外发扬光大。
    A. 将
    B. 就
    C. 以
    D. 使

66. 帮助别人也可以使自己的心情变得愉快_____。
    A. 下去
    B. 起来
    C. 上来
    D. 回来

67. 生活不能没有浪漫，_____生活就太没有意思了。
    A. 然而
    B. 因为
    C. 否则
    D. 不过

68. 一个穿花衣服的小女孩儿_____自己的香蕉送给了刚刚表演完的猴子。
    A. 使
    B. 叫
    C. 让
    D. 把

— 8 —

69. 她有一_____温和的脸，看起来总是那么和蔼可亲。
   A. 个
   B. 片
   C. 张
   D. 块

70. 十分钟过去了，车还没有来，而风_____刮起来了。
   A. 却
   B. 还
   C. 才
   D. 更

71. 好啦，好啦，我不过是随便说说_____，你还真生气了啊?!
   A. 似的
   B. 罢了
   C. 一样
   D. 行了

72. 在这个村子里，无论_____都能给您来上一段地道的地方戏。
   A. 谁
   B. 什么
   C. 哪儿
   D. 怎么

73. _____以往的经验，我觉得这是地震的预兆。
   A. 任
   B. 任凭
   C. 跟
   D. 根据

74. 他把这件事发生的经过_____地叙述了一遍。
   A. 清楚清楚
   B. 清清楚楚
   C. 清楚了清楚
   D. 清楚清楚了

75. _____国家领导人，周总理每天忙于国事，日理万机。
   A. 凭借
   B. 为首
   C. 作为
   D. 为了

76. 大赛的组委会_____向他发出邀请，但他一直没有决定是否参加这次比赛。
   A. 偏偏
   B. 统统
   C. 纷纷
   D. 频频

77. _____终于被我买到手了。
   A. 长长的那件红色大衣
   B. 那件长长的红色大衣
   C. 长长红色的那件大衣
   D. 那件红色长长的大衣

78. 他一番感人的话语让我激动得_____。
   A. 流眼泪下了
   B. 流了下眼泪
   C. 流下了眼泪
   D. 流了眼泪下

79. _____热爱工作的人，_____会更加热爱生活。
   A. 无论……都……
   B. 即使……也……
   C. 虽然……但是……
   D. 只有……才……

80. _____你不相信自己，_____你就无法摆脱困境。
   A. 如果……那么……
   B. 即使……也……
   C. 一……就……
   D. 不是……就是……

三、阅读理解

（50题，60分钟）

第一部分

词语替换，共20题。

81. 下班后，他没有回家，一直在马路边**徘徊**。
    A. 想来想去
    B. 走来走去
    C. 看来看去
    D. 问来问去

82. 你不用担心，对这件事情他是很有**把握**的。
    A. 有成功的信心
    B. 有能力获得成功
    C. 有成功的可能性
    D. 表示能够抓住

83. 想从我这里搞到情报，**没门儿**！
    A. 没有可以走的门
    B. 没有可能性
    C. 没有好运气
    D. 门前没有路

84. 这件事我**压根儿**就没有听说过，更不要说是我做的了。
    A. 树的根部
    B. 压低
    C. 完全
    D. 曾经

85. 她还是个孩子，她的话你可**别往心里去**啊！
    A. 不要在意
    B. 不要忘记
    C. 不用记住
    D. 不用伤心

86. 这次出来玩儿不为别的，就是为了让我**爱人**高兴高兴。
    A. 爱着的人
    B. 情人
    C. 可爱的人
    D. 丈夫或妻子

87. 参加这次比赛的**清一色**都是年轻的小伙子。
    A. 只有一种颜色
    B. 只有一个
    C. 全都不一样
    D. 全部都一样

88. 多年来，父亲**风里来雨里去**，一直辛辛苦苦地支撑着这个家。
    A. 每天在风雨里
    B. 常常在风雨里
    C. 形容很辛苦
    D. 形容很忙碌

— 11 —

89. 我等了他好几天了，这个"三只手"终于被我抓到了。
    A. 长着三只手的人
    B. 有一只假手的人
    C. 偷东西的人
    D. 抢东西的人

90. 小张最近的情绪有点儿**不对头**，你没事儿的时候去跟他聊聊吧。
    A. 不正常
    B. 不高兴
    C. 跟头不合适
    D. 跟头不对称

91. 眼看自己的设计**派不上用场**，小刘急得满头大汗。
    A. 不能上场
    B. 不用上场
    C. 不能派出去
    D. 用不上

92. 快别给我**戴高帽**了，我只是一个普普通通的劳动者而已。
    A. 嘲笑别人
    B. 讽刺别人
    C. 抬高别人
    D. 贬低别人

93. 你们这些人真是**没见过世面**，多跟人家学习学习！
    A. 见识少
    B. 机会少
    C. 成就小
    D. 世界小

94. 好了，好了。还是我自己来吧，你总是**帮倒忙**。
    A. 不帮忙
    B. 帮不上忙
    C. 越帮越忙
    D. 不能帮忙

95. 我不是股迷，不过**隔三差五**的我也会在网上看看股市行情。
    A. 过三天
    B. 过五天
    C. 过八天
    D. 过几天

96. 听我的没错儿，现在这个专业很**吃香**。
    A. 受欢迎
    B. 很好吃
    C. 闻起来很香
    D. 吃起来很香

97. 这是**打着灯笼也找不到**的好机会，你一定不要错过啊！
    A. 需要打着灯笼找
    B. 必须打着灯笼找
    C. 非常难找到
    D. 非常容易找到

98. 成功举办第29届奥林匹克运动会是我们中国人的**骄傲**。
    A. 不虚心
    B. 认为自己高人一等
    C. 看不起别人
    D. 值得自豪的事情

99. 相关部门指出，今年高校毕业生的就业形势并**不乐观**。
    A. 很开心
    B. 心情很好
    C. 不太好
    D. 有发展

100. 这件事他说得**有鼻子有眼**，不由你不相信。
    A. 有鼻子也有眼睛
    B. 形容很具体
    C. 形容很夸张
    D. 形容很啰唆

第 二 部 分

请选出正确答案，共30题。

101—103

全国各地中小学的暑假已经来临，可是暑假并不像人们想象的那么舒服，因为尽管多年来社会各方面一再呼吁减轻学生负担，各地教育管理部门也是几乎每年暑假前，都三令五申地做出严禁学校或教师利用假期办班补课的规定，但是私下里各种形式的补课现象还是屡禁不止，而社会上各类办班培训、花样翻新的"夏令营"等更是盯准暑假。对于这种现象，学生们形象地称之为愉快的暑假来临了，但是烦心的"第三学期"开始了！真希望这种假期违规补课的现象能够得到治理，还给广大中小学生一个真正开心快乐的暑假。

【101】 为什么暑假被称为"第三学期"？
A. 因为在暑假里可以自己学习
B. 因为暑假有各种各样的补习班
C. 因为暑假里必须好好学习
D. 因为管理部门希望在暑假上课

【102】 根据短文内容，下列选项中哪个不属于假期补课？
A. 各种培训班 B. 老师给学生补课
C. "夏令营"   D. 去郊区游玩儿

【103】 本文作者的观点是：
A. 主张好好利用假期学习
B. 主张正规地补课
C. 希望孩子们有真正的暑假
D. 希望孩子们快乐地学习

104—107

从前，有两个饥饿的人得到了一位老人的礼物：一根鱼竿和一盆新鲜的鱼。其中一个人要了鱼，另一个人要了鱼竿，然后他们就分开了。得到鱼的人马上把鱼吃了个精光，不久，他就饿死了。另一个人

【104】 前两个人中得到鱼竿的那个人是怎么死的？
A. 不会吃鱼
B. 没有找到大海
C. 不会钓鱼
D. 没有吃的

— 13 —

则提着鱼竿一步步艰难地向海边走去，等他走到海边时一点儿力气也没有了，他也饿死了。而另外两个饥饿的人，他们同样得到了老人的一根鱼竿和鱼。但是他们并没有各奔东西，而是商量共同去找寻大海。在没有找到大海之前，他俩每次只煮一条鱼。最后他们终于来到了大海边，于是两人开始以捕鱼为生。几年后，他们盖起了房子，有了各自的家庭，有了自己的渔船，过上了幸福美满的生活。

【105】文中"各奔东西"是什么意思？
A. 都往东边去
B. 都往西边去
C. 各走各的
D. 从东边和西边来

【106】这则故事告诉我们什么道理？
A. 有东西不要自己吃
B. 要找最近的海边
C. 每次要少吃一点儿鱼
D. 要团结协作

107—110

7月1日～7月3日，由我校教育学部和伦敦大学教育学院联合主办的首届研究生论坛在我校顺利举行。本次论坛以"知识社会中的大学"为主题，包括高等教育与学术职业、高等学校教与学、高等教育市场化、高等教育政策分析和高等教育质量保障与评估五个专题。论坛的工作语言为英语，每位研究生用时40分钟左右，首先由本人独立陈述，然后就每个发言进行深入交流，最后所有参会人员再对该专题展开整体讨论。讲英语、面对面、全方位、高强度是本次论坛的突出亮点。本次论坛的成功举办，对促进中、英的教育学科学术交流，创新教育学研究生培养模式，培养未来教育工作者的科研能力和国际视野，具有十分重要的作用。

【107】这次研究生论坛是第几次举办？
A. 第一次　　B. 第二次
C. 第三次　　D. 第四次

【108】这次论坛中人们使用哪种语言进行交流？
A. 汉语　　　B. 英语
C. 汉语和英语　D. 汉语或英语

【109】这次论坛是主题是：
A. 高等教育与学术职业
B. 高等学校教与学
C. 高等教育市场化
D. 知识社会中的大学

【110】讨论的过程是：
A. 深入交流—独立陈述—整体讨论
B. 独立陈述—深入交流—整体讨论
C. 独立陈述—整体讨论—深入交流
D. 整体讨论—独立陈述—深入交流

111—113

近日，四川卧龙中国保护大熊猫研究中心的大熊猫娜娜顺利产下一对双胞胎。这是研究中心今年出生的第五胎宝宝，也是今年的第一对双胞胎宝宝。这是娜娜第一次生产，奇怪的是，她在产前出现了呕

【111】娜娜的双胞胎宝宝是研究中心今年：
A. 第一对双胞胎
B. 第五对双胞胎
C. 第一胎宝宝
D. 唯一的宝宝

吐现象，这在熊猫生产史上极为少见，甚至从未见过。目前，熊猫母子平安，但因为是初次生产，当妈妈的经验不足，熊猫妈妈显得有些紧张。虽然如此，研究中心的人员也没有过多干涉熊猫的正常生活，而是让熊猫妈妈带着宝宝们在自己的房间内自由活动。从现场观察看来，宝宝们健康活泼，没有出现异常行为。

【112】这是娜娜第几次做妈妈？
A. 第一次　　B. 第二次
C. 第三次　　D. 第四次

【113】哪种现象是熊猫生产史上极为少见的？
A. 娜娜生了双胞胎
B. 娜娜在生宝宝前呕吐
C. 娜娜有些紧张
D. 娜娜母子平安

114—116
"红苹果"是大家非常熟悉的名字。该品牌1981年创立于香港，几十年来它凭着明快的设计风格、优质的原材料以及合理的价格深受广大消费者的喜爱。从上世纪80年代开始，"红苹果"家具就一直紧跟国际家具设计潮流，并根据香港人民居住环境的需要设计出适合港人使用的家具。多年来该品牌的家具在香港的销售量一直保持领先地位，在香港几乎每栋大厦都有"红苹果"的商品。为了满足内地消费者的需求，1984年"红苹果"在深圳建立了生产基地。目前，该品牌的产品已经成为中国家具大型企业之一，在全国民用家具市场的占有率和品牌知名度均列前茅。此外，"红苹果"家具还出口至美国、英国、俄罗斯等六十多个国家和地区。

【114】"红苹果"是什么品牌？
A. 家具　　　B. 办公用品
C. 厨房用品　D. 家用电器

【115】为什么消费者喜欢"红苹果"？
A. 因为"红苹果"在深圳建立了生产基地
B. 因为"红苹果"是在香港创立的
C. 因为很多国家的人都在使用"红苹果"
D. 因为"红苹果"家具有很多优点

【116】下列哪个选项与短文内容相符合？
A. 1981年"红苹果"在内地建立了生产基地
B. 目前"红苹果"的销售量在全国占第一位
C. "红苹果"在全国的知名度很高
D. 中国每栋大厦都有"红苹果"的产品

117—120
夏季是日本人结婚的季节。除了挑选婚纱、筹备结婚典礼、预定蜜月旅行之外，准新人们现在又多了一项准备工作——租婚礼来宾。在日本，人们很重视面子，参加婚礼的人越多主人越有面子，因此这一行业受到了人们的欢迎。专门

【117】目前，日本人结婚时新增加的一项准备工作是：
A. 挑选婚纱
B. 筹备结婚典礼
C. 预定蜜月旅行
D. 租婚礼来宾

的代理公司可以根据客人的需要派人以亲属、同学或同事的身份出席婚礼。通常一名普通婚礼来宾收费2万日元。如果需要在婚礼上唱歌或跳舞，需要增加5000日元；如果需要来宾在婚礼上致词则需要附加1万日元。由于日本经济不景气，失业和做兼职的人数出现增长的趋势，扮演来宾业务成为不少失业者的重要选择之一。这些人必须具备的条件是，不出众的外貌、愉快的心情和整洁干净的外表。

【118】租的婚礼来宾一般不会扮演的角色是：
A. 亲属　　　B. 老师
C. 同学　　　D. 同事

【119】租在婚礼上致词的来宾需要多少钱？
A. 5000日元　　B. 2万日元
C. 2万5千日元　D. 3万日元

【120】租的婚礼来宾必须具备的条件是：
A. 出众的外貌
B. 高大的身材
C. 整洁干净的外表
D. 会唱歌跳舞

121—123

伊斯特林是最早对主观幸福感进行理论研究的当代经济学家。他认为收入增加并不一定导致幸福感增加。在收入达到一定程度之前，幸福感会随之增长，但过了这一阶段，两者的关系并不明显。这对西方经济学的"财富增加导致幸福感增加"理论是一个极大的挑战。伊斯特林将生活的满意度细分为工作、健康、家庭收入、育儿、生活水平、住房、商品供应、环境等与生活相关的问题，作为研究指标进行对比，然后计算得出一个生活满意度平均值。研究结果显示，德国居民的满意度下降了，波兰、白俄罗斯、保加利亚等国家也有不同程度的下降，而斯洛文尼亚、捷克两国的居民生活满意度有所提高。

【121】关于伊斯特林，下列说法正确的是：
A. 他是刚刚开始对主观幸福感进行研究的著名经济学家
B. 他认为收入的增加不一定导致幸福感的增加
C. 他认为财富的增加会导致幸福感的增加
D. 他认为收入与幸福感的关系一直非常密切

【122】生活满意度的计算与下列哪一项没有关系？
A. 健康　　　B. 家庭收入
C. 生活水平　D. 心理素质

【123】下列哪个国家的生活满意度提高了？
A. 德国　　　B. 波兰
C. 捷克　　　D. 白俄罗斯

124—126

资料显示，内蒙古草原面积居中国五大牧场之首，可利用草场面积达10亿亩，占全国可利用草场面积的1/5。上世纪90年代末，由于连年干旱、过度放牧等原因，内蒙古部分草原开始退化、沙化，退化的草原面积在本世纪初曾达6亿亩之多。乌兰察布市阴山山脉南部地区是全国最严重的风沙源地之一。这里，光秃秃的大青山、干旱的黄旗海与周边大片退化的草场遥相呼应，同昔日"天苍苍、野茫茫、风吹草低见牛羊"的景象形成了鲜明的对比。造成草场沙化的除了气候因素之外，草场上大量使用农药杀虫也是一个重要的原因。为了消除蝗虫等害虫，人们使用了大量农药，而这些农药在杀死害虫的同时也杀死了大量的有益昆虫和鸟类，限制了鸟类的繁殖。这严重破坏了草原的生态平衡，造成环境污染，导致草原沙漠化。

【124】下面哪个选项与短文的内容相符合？
A. 内蒙古草原面积在我国牧场中是最大的
B. 内蒙古草原曾经全部退化、沙化
C. 内蒙古草原现在的状况很好
D. 内蒙古草原占全国可利用草场面积近一半

【125】造成土地沙化的原因是：
A. 气候干旱、过度放牧、鸟类大量繁殖
B. 气候干旱、过度放牧、大量使用农药
C. 气候干旱、鸟类大量繁殖、大量使用农药
D. 过度放牧、鸟类大量繁殖、大量使用农药

【126】乌兰察布市阴山山脉南部：
A. 是水土保持比较好的地区之一
B. "天苍苍、野茫茫、风吹草低见牛羊"
C. 光秃秃的山、干旱的土地、退化的草原
D. 是最大的草原地区

127—130

西汉张骞出使西域三十六国以后，一条自长安，途经甘肃、新疆，直到中亚、西亚，并连通地中海各国的陆路商道，才开始以"丝绸之路"为人们所熟知。其实在张骞出使西域之前，这一线早就成为沟通西域和中原、东方和西方的重要贸易通道了，只是最初不是运送丝绸、陶瓷，而是产自新疆本地的和田玉，商道被称为

【127】"丝绸之路"的路线是：
A. 新疆—甘肃—长安—中亚、西亚
B. 甘肃—长安—新疆—中亚、西亚
C. 长安—甘肃—新疆—中亚、西亚
D. 西亚、中亚—甘肃—新疆—长安

【128】"丝绸之路"最开始主要运送什么？
A. 丝绸　　　　B. 陶瓷
C. 和田玉　　　D. 牲畜

"玉石之路"。经考古发现，在距今3600年到3100年前的商代，人们已经开始养蚕、制作丝绸，但那时驰名的不是丝绸，而是新疆的和田玉。丝绸还没有到达新疆，而和田玉已经到达了商朝的都城。周武王灭商以前就是通过这条"玉石之路"与远在新疆的部落取得联系的。新疆各部落的首领将和田玉等珍贵的礼物带给周武王。同时，这条"玉石之路"当时已经向西延伸到了中亚地区。

【129】根据短文内容，谁先与新疆的部落首领取得了联系？
A. 张骞　　　　　B. 周武王
C. 张骞和周武王　D. 商代的帝王

【130】下面选项与短文内容相符合的是：
A. 张骞最先打开了通往西域的道路
B. "丝绸之路"比"玉石之路"开通得早
C. 部落首领将丝绸、瓷器带给周武王
D. 和田玉先到了内地，而后丝绸才到新疆

四、综合填空

（40题，30分钟）

第 一 部 分

选词填空，共24题。

131—136

这个公寓里住着许多小朋友，他们喜欢 **131** 这里来。下午放学 **132**，有大约两个小时我们可以互相串门，**133** 各家的大人还没有下班回家。这套公寓不全是独居一户，有时是一户，有时是两户，有时 **134** 是三四户。每一 **135** 房子，每一层楼面同样的位置，格局是一样的。**136** 走错一排，或走错一栋，就有可能走入完全不同的一家。

131. A. 上　B. 下　C. 左　D. 右
132. A. 然后　B. 后来　C. 以后　D. 后面
133. A. 所以　B. 因为　C. 因此　D. 之所以
134. A. 更加　B. 仍然　C. 还是　D. 甚至
135. A. 家　B. 间　C. 所　D. 栋
136. A. 倘若　B. 只有　C. 即使　D. 无论

137—142

成功的企业家都是沟通的 **137**。正像人们经常见到的那样，筹集资金是交谈，签订合同是交谈，招聘雇员 **138** 交谈。企业家懂得 **139** 通过沟通使人们改变想法，让他们为自己做他们 **140** 不想做的事情。有些企业家可以像传道者那样演讲，有些企业家 **141** 可以运用他渊博的知识 **142** 别人。

137. A. 巧手　B. 能手　C. 一把手　D. 新手
138. A. 或者　B. 还是　C. 甚至　D. 也许
139. A. 任意　B. 何况　C. 任何　D. 如何
140. A. 本　B. 根　C. 底　D. 层
141. A. 所以　B. 则　C. 然后　D. 因此
142. A. 说　B. 说服　C. 说话　D. 信服

143—147

卖花人愣了 **143**，似乎我这一声"大哥"叫得他 **144** 觉得意外 **144** 感到神圣。他立刻把腰挺了一下，一个原来略显矮小的身躯 **145** 高大了起来，像一个顶天立地的汉子。他语气 **146** 地说："大妹子，只要您不见外，您的事就是我的事，这事就 **147** 在我身上了。"

143. A. 一顿　B. 一下　C. 一次　D. 一番
144. A. 既……又……　B. 不……不……
　　　C. 再……也……　D. 一……就……
145. A. 一下　B. 下来　C. 下去　D. 一下子
146. A. 坚持　B. 坚强　C. 坚定　D. 顽强
147. A. 管　B. 包　C. 裹　D. 靠

148—154

儿子在屋里 **148** 半天没有动静。爸爸觉得奇怪，就大声喊道："你怎么 **149** 在屋里总也不出来？"爸爸 **150** 儿子的房间，见儿子正在看一 **151** 通知书，就一把 **152** 了过来，只见上面写着：在课堂上说话，吓唬女同学……请家长过来谈谈。爸爸看了非常生气，大声 **153** 儿子说："你在学校干了这么多让人讨厌的事，将来长大了会成为什么样的人啊?!"儿子小声地说："爸爸，这份通知书是在您的旧书箱里找 **154** 的。"

148. A. 旧　　B. 陈　　C. 老　　D. 古
149. A. 睡　　B. 等　　C. 待　　D. 停
150. A. 走进　B. 走出　C. 走来　D. 走下
151. A. 条　　B. 本　　C. 份　　D. 副
152. A. 端　　B. 掏　　C. 拉　　D. 夺
153. A. 对　　B. 对于　C. 面对　D. 对面

154. A. 下　　B. 到　　C. 上　　D. 好

第 二 部 分

汉字填空，共16题。

155—159

中国的床有四种形 **155**。第一种是从古老的家具演 **156** 来的，简单，无栏杆，平面，四角落地，叫做榻。第二种是罗汉床，罗汉床的样式比较复 **157**，但是多半是三面有围子，一面向前。第三种是架子床，有顶，有四根或六根柱 **158**。第四种是八步床，是在架子的基 **159** 上又增加了浅廊，这种床更像一间屋子，洗漱都可以在里面。

160—164

对于吸引、选拔人才，西门子有一 **160** 独特的操作模式。他们在招 **161** 人才时能力考查要进 **162** 四十分钟，经验考查占半 **163** 小时，而知识考查仅用五分钟就足够了。西门子公司认为，一个人的知识量两三年的时间就可以改变，经验也会随之改变，但是，能力持续期是二十年或者一辈子都改变不 **164** 的。

165—170

提起"避风塘"，你肯定会想到"18元畅饮无限量，欢乐不限时"的口 **165**。这个品牌创办的思路就是要打出与众不 **166** 的差异化理念——中高端的消 **167** 环境和质量，价格却是平民化的。"避风塘"刚一出现就被消费 **168** 所接受。18元的价格无论是工薪阶层、学生，还是商务人士都可以接受。物 **169** 价廉的各种饮料、简 **170** 的中西式餐点，还有各种丰富的棋牌游戏，使"避风塘"成为都市人休闲娱乐的好去处。

汉语水平考试

HSK（初中等）

仿真试卷二

注　　意

一、HSK（初中等）分四部分：
　　1. 听力理解（50题，约30分钟）
　　2. 语法结构（30题，20分钟）
　　3. 阅读理解（50题，60分钟）
　　4. 综合填空（40题，30分钟）
　　全部考试时间约需140分钟。

二、答案要写在答卷上。比如答案是C，要这样画：[A]　[B]　■　[D]。

三、应在规定的时间完成规定的试题。

四、要按照主考的要求进行考试。

一、听 力 理 解

（50题，约30分钟）

第 一 部 分

请选出正确答案，共15题。

1. A. 你要想想怎么让他知道这件事儿
   B. 你不可能不让他知道这件事儿
   C. 他根本不可能知道这件事儿
   D. 你要想想怎么瞒住这件事儿

2. A. 对方让说话人帮他买票了
   B. 说话人没有给对方买票
   C. 说话人已经给对方买票了
   D. 说话人早就知道对方要加班

3. A. 很着急
   B. 很难过
   C. 很兴奋
   D. 很无奈

4. A. 这地方从来没下过雨
   B. 这次的雨非常大
   C. 说话人从没见过这么大的雨
   D. 说话人很喜欢这次的大雨

5. A. 说话人一直住在上海
   B. 说话人不熟悉上海
   C. 说话人很喜欢上海
   D. 说话人现在不在上海

6. A. 尝不出滋味了
   B. 心里很难过
   C. 不知道结果很糟糕
   D. 很高兴出现这样的结果

7. A. 他们班只有两个女生喜欢足球
   B. 他们班只有两个女生
   C. 他们班的人都喜欢足球
   D. 他们班的女生都喜欢足球

8. A. 不知道该听谁的建议
   B. 谁的建议都听得进去
   C. 从来不听别人的建议
   D. 从来不用听别人的建议

9. A. 说话人最喜欢北京
   B. 说话人最喜欢上海
   C. 说话人最喜欢杭州西湖
   D. 说话人不喜欢北京上海

10. A. 因为你帮忙，我今天没有迟到
    B. 因为你没有帮忙，我今天迟到了
    C. 今天要不是你，我不会迟到的
    D. 我很生气你让我迟到了

11. A. 他很早就知道新老师很有耐心
    B. 他没想到新老师很有耐心
    C. 他没想到以前的老师有耐心
    D. 他一直不知道新老师有没有耐心

12. A. 有了足够的钱就会买车
    B. 因为不喜欢开车所以不买
    C. 没有钱，根本不想买车
    D. 担心堵车，所以不买车

13. A. 他们约好一个小时后出发
    B. 现在已经十一点半了
    C. 他们约好十一点半出发
    D. 说话人很高兴可以晚点儿出发

14. A. 这衬衣很便宜，质量也不错
    B. 这衬衣很便宜，质量一定不好
    C. 你要想想怎么才能买到便宜的衬衣
    D. 你要想想怎么才能买到质量好的衬衣

15. A. 最聪明，学习最好
    B. 最笨，学习最差
    C. 最聪明，学习最差
    D. 最笨，学习最好

第 二 部 分

请选出正确答案，共20题。

16. A. 教室里
    B. 银行里
    C. 商场里
    D. 邮局里

17. A. 旅游时不要说自己是外国人
    B. 有些方言很难听懂
    C. 外国人不可能听懂方言
    D. 旅游的时候不要说当地人的话

18. A. 男的电话坏了
    B. 女的想打电话
    C. 男的觉得不好意思
    D. 女的想亲自跑一趟

19. A. 他不想去外国旅游
    B. 他不想照顾孩子
    C. 他很想和爱人一起出国
    D. 他很想和爱人一起照顾孩子

20. A. 又漂亮又便宜
    B. 不漂亮也不便宜
    C. 很漂亮但是不便宜
    D. 不漂亮但是很便宜

21. A. 实习生
    B. 医生
    C. 服务员
    D. 老师

22. A. 女的很想妈妈
    B. 妈妈现在很忙
    C. 男的正忙着帮妈妈
    D. 男的正忙着帮女的

23. A. 自己是一个中国通
    B. 对中国历史了解很多
    C. 对中国历史了解很少
    D. 对中国历史知道一些

24. A. 饭店
    B. 书店
    C. 图书馆
    D. 体育馆

25. A. 他有五年的工作经验
    B. 他求职成功了
    C. 他没有工作经验
    D. 他毕业五年了

26. A. 反对寒假去旅行
    B. 不知道那时候去旅行好不好
    C. 不想和家人一起去旅行
    D. 不知道寒假能不能订到机票

27. A. 他常常不及格，这次也没及格
    B. 他常常及格，但这次没及格
    C. 他常常不及格，但这次及格了
    D. 他常常及格，这次也及格了

28. A. 他觉得自己的年纪还不大
    B. 他不喜欢那几个京剧演员
    C. 他是个有名的京剧演员
    D. 他很想去看，但年纪大了

29. A. 李明的学习向来不太好
    B. 玛丽的学习不如李明好
    C. 他们班都考上大学了
    D. 他们班都没考上大学

30. A. 很值得看
    B. 没有名气
    C. 本来以为很好看
    D. 本来以为不好看

31. A. 女人的儿子说话不明白
    B. 男人的儿子一来信就要钱
    C. 男人的儿子喜欢用新词儿
    D. 女人的儿子一来信就要钱

32. A. 他觉得丽丽不太聪明
    B. 他觉得丽丽的学习不太好
    C. 他觉得丽丽学习好只是因为聪明
    D. 他觉得丽丽学习好还有别的原因

33. A. 不知道几点起床
    B. 昨天夜里开车了
    C. 昨天睡得很晚
    D. 不知道是几点起的床

34. A. 他不知道演什么节目
    B. 你已经知道什么时候演出了
    C. 他不知道什么时候演出
    D. 到演出的时候你就会知道了

35. A. 他想让女的不高兴
    B. 他只能喝啤酒不能喝白酒
    C. 他今天不高兴
    D. 他什么酒都不能喝

第 三 部 分

请选出正确答案，共15题。

36. A. 提前消费
    B. 花明天的钱
    C. 分期付款
    D. 花昨天的钱

37. A. 越来越多的人接受分期付款
    B. 都喜欢花明天的钱
    C. 都喜欢花昨天的钱
    D. 越来越多的人喜欢存钱

38. A. 车子
    B. 房子
    C. 食品
    D. 贵重物品

39. A. 坐在一起
    B. 分开坐在桌子的两端
    C. 一起坐在门的对面
    D. 分开坐在门的对面

40. A. 房门对面的座位
    B. 女主人右边的座位
    C. 男主人右边的座位
    D. 长方桌子的一端

41. A. 女性的身体比男性强壮
    B. 女性的头脑很清楚
    C. 女性大多比男性爱说话
    D. 女性比男性活得轻松

42. A. 可以缓解压力
    B. 可以使头脑清醒
    C. 可以解决困难
    D. 可以使别人高兴

43. A. 男儿有泪不轻弹
    B. 保持头脑清醒
    C. 一句没用的话不说
    D. 多交朋友、多谈心

44. A. 中老年女人
    B. 中老年男人
    C. 年轻的女人
    D. 年轻的男人

45. A. 150 岁
    B. 110 岁
    C. 135 岁
    D. 137 岁

46. A. 地域和遗传
    B. 文化和地域
    C. 遗传和文化
    D. 教育和遗传

47. A. 保加利亚的多彼山区
    B. 厄瓜多尔的洛哈省
    C. 格鲁吉亚
    D. 中国的西藏自治区

48. A. 湿度大、温差小的地方
    B. 湿度大、温差大的地方
    C. 湿度小、温差小的地方
    D. 湿度小、温差大的地方

49. A. 它们的视觉很不错
    B. 它们的嗅觉特别好
    C. 它们的消化能力很好
    D. 它们的食量很大

50. A. 竹子
    B. 小动物
    C. 鸟蛋
    D. 野果子

二、语法结构

（30题，20分钟）

第 一 部 分

> 选择恰当的位置，共10题。

51. 真没想到，A 我的一个玩笑 B 他 C 丢掉了 D 到手的铁饭碗。
    让

52. 他们两个 A 都是 B 从大山中 C 走出来 D 孩子。
    的

53. 他 A 刚回 B 到家 C 外面 D 下起了大雨。
    就

54. A 考试的 B 时间地点 C 问题，D 我们还要再商量一下才能确定。
    关于

55. 看到同学 A 都找到了 B 好工作，C 在家待着的他终于 D 有些坐不住了。
    一直

56. 他 A 打算 B 七月份 C 回老家的，可是朋友突然有事要帮忙，D 他只好推迟回家。
    本来

57. A 他做的 B 每一件事说的 C 每一句话 D 我都很有启发。
    对

58. 你 A 担心的问题，我们大家早就 B 想好了 C 如何 D 解决。
    所

59. 你 A 好好跟你妈妈商量 B 一下儿，她 C 不会 D 不同意的。
    再

60. 留学生要多 A 跟中国朋友 B 聊天儿，以便能更好 C 提高汉语 D 口语水平。
    地

第 二 部 分

选词填空，共 20 题。

61. 他昨天买的那_____裤子是今年的最新款式。
    A. 件
    B. 条
    C. 身
    D. 双

62. 只要进了军队，衣、食、住就都不用自己操心了，全部_____国家提供。
    A. 由
    B. 从
    C. 为
    D. 在

63. _____生活水平的提高，人们对健康饮食更关注了。
    A. 接着
    B. 看着
    C. 随着
    D. 想着

64. 第 29 届奥运会的开幕式是_____北京鸟巢举行的。
    A. 由
    B. 从
    C. 到
    D. 在

65. 进入七月份以来，天气越来越_____。
    A. 热得要死
    B. 热了
    C. 热起来
    D. 很热

66. 和别人打招呼而对方故意不理睬时，_____觉得很尴尬。
    A. 恨不得
    B. 免不了
    C. 不见得
    D. 忍不住

67. 虽然看着很面熟，但我怎么也_____他的名字。
    A. 想不起来
    B. 看不出来
    C. 想起来
    D. 看出来

68. 不管在怎样的天气情况_____我们都必须按时完成任务。
    A. 下
    B. 内
    C. 里
    D. 上

69. 地震发生以后，来自四面八_____的救援物资陆续抵达灾区。
    A. 处
    B. 方
    C. 所
    D. 面

70. 这_____信都是他寄来的，尽管我从来没有给他回过。
    A. 一封
    B. 一封封地
    C. 一封封的
    D. 一封的

71. 我_____不想参加你的生日舞会呢？只可惜工作太多了要加班。
    A. 何尝
    B. 何妨
    C. 何不
    D. 如何

72. 这事儿发生得太_____了，她们一时都不知道该怎么办。
    A. 骤然
    B. 猛然
    C. 突然
    D. 忽然

73. 她_____不愿意回家和家人团聚，_____要留下来挣下学期的学费。
    A. 不是……而是……
    B. 不是……就是……
    C. 不是……便是……
    D. 无论……都……

74. 奥林匹克森林公园_____有山，_____有水，吸引了很多游客。
    A. 虽然……也……
    B. 即使……也……
    C. 既……又……
    D. 就是……也……

75. 在这个学校里_____有一个班是学习英语的外，其他的班_____是学习俄语的。
    A. 除了……都……
    B. 因为……所以……
    C. 不仅……还……
    D. 无论……都……

76. _____他以前做了对不起你的事，你_____不能这样骂他。
    A. 只要……就……
    B. 只有……才……
    C. 就算……也……
    D. 因为……所以……

77. 下个月，他就要_____，我打算送他一个特别的礼物。
    A. 结婚他的女朋友了
    B. 和他的女朋友结婚了
    C. 结他女朋友的婚了
    D. 结婚和他的女朋友了

78. _____，从而使面容红润有光泽。
    A. 蜂蜜可以提高血液中血红蛋白的含量
    B. 可以提高血液中血红蛋白的蜂蜜含量
    C. 可以提高蜂蜜血液中血红蛋白的含量
    D. 蜂蜜含量可以提高血液中血红蛋白的

79. 他刚刚学习写汉字，所以_____。
    A. 不怎么样写得汉字
    B. 汉字不怎么样写得
    C. 写得汉字怎么样不
    D. 汉字写得不怎么样

80. _____女孩儿是哪个国家的？
    A. 你们班那个新来的漂亮
    B. 你们班漂亮那个新来的
    C. 那个漂亮新来的你们班
    D. 你们班新来的漂亮那个

三、阅 读 理 解

（50题，60分钟）

第 一 部 分

词语替换，共20题。

81. 他有什么值得佩服的呀，什么**本事**都没有。
    A. 事情
    B. 感情
    C. 财产
    D. 能力

82. 他把这次谈判彻底搞砸了，老板一气之下**解雇**了他。
    A. 批评
    B. 教训
    C. 开除
    D. 吓唬

83. 汉语的声调常常令很多外国留学生**头疼**不已。
    A. 头很难受
    B. 头受伤
    C. 失望
    D. 苦恼

84. 很多人都说这计划完美无缺，我看着可**不怎么样**。
    A. 不知道怎么样
    B. 不是太好
    C. 没什么不好
    D. 怎么都行

85. 他可不是好商量的人，要去你去，我可不想去**碰钉子**。
    A. 借钉子用
    B. 遇到钉子
    C. 遭到拒绝
    D. 试试有没有钉子

86. 这家人**老的老小的小**，生活非常困难。
    A. 老人太老小孩儿太小
    B. 很老的老人和很小的孩子
    C. 不仅很老也很小
    D. 小孩儿都变老了

87. 临行之前妈妈**再三**叮嘱，唯恐我忘记这事儿。
    A. 第二次
    B. 第三次
    C. 一次又一次
    D. 重新

88. 奇怪不奇怪，这炎炎夏日**竟**下起冰雹来了。
    A. 果然
    B. 居然
    C. 忽然
    D. 竞争

89. 球打坏了尽管来我这儿拿,这种球我**有的是**。
    A. 有很多
    B. 有的坏了
    C. 有的球是这样的
    D. 有就是了

90. 别担心,只要你好好干,到时候我**走走门路**给你弄个北京户口就行了。
    A. 从有门有路的地方走走
    B. 多生产一些门,多修几条路
    C. 利用特殊关系办事
    D. 四处走走看看门和路在哪里

91. 你这孩子怎么这么不懂事儿?妈妈**说**你几句都不行?还不是为你好。
    A. 说话
    B. 批评
    C. 谈论
    D. 讨论

92. 老板很善于经营,那家饭店一直很**红火**。
    A. 生意好
    B. 有红色的火
    C. 让人眼红上火
    D. 是红色的

93. 地球对于人类是如此重要,环保的重要性当然是**不言而喻**的。
    A. 不需要说明也不需要比喻
    B. 不要说明也要比喻
    C. 不用说就明白
    D. 不说却比喻

94. 你们爱说什么就说什么好了,我**不在乎**。
    A. 不喜欢听
    B. 不放在心上
    C. 不在家
    D. 不跟你们一起

95. 他是一位很受读者欢迎的作家,作品非常**畅销**。
    A. 写得很流畅
    B. 很容易卖出去
    C. 畅快地销售
    D. 得到读者的喜欢

96. 这儿什么都好,就是挨着马路,难免有点儿**吵**。
    A. 争吵
    B. 吵闹
    C. 吵架
    D. 吵嚷

97. 这事儿跟我一点儿关系都没有,是你自己**硬**要这样做的。
    A. 硬气
    B. 一定
    C. 还是
    D. 仅仅

98. 朋友们都知道他是个**沉默**的人,并不勉强他发表意见。
    A. 心情沉重
    B. 不爱说话
    C. 默默沉思
    D. 默默思念

99. **读万卷书不如行万里路**,我们应该趁年轻多出去旅行。
   A. 看书不如走路有意思
   B. 读很多书比走很多路更好
   C. 多读书不如多旅行
   D. 看一万本书没有走一万里路时间长

100. 根据新的交通法规,故意造成堵车的人员**一律**会被处以罚款。
   A. 一定
   B. 一个法律
   C. 全部
   D. 一直

第 二 部 分

请选出正确答案，共30题。

101—102

提到"砖"，很多人都知道是用泥土烧制而成的，可世界上还有一种特殊的砖——"水砖"，你知道吗？

在秘鲁的尼威克城，地底下蕴藏着一种温度极高的地下水。当这种地下水流经石灰岩或石灰石构成的地层时，就能使矿物质溶解，变成类似水泥性能的胶状溶质。当这种溶质喷出地面，经冷却后，便凝固成坚硬的石头。当地居民在建造房屋时，就先将这种溶质抽出浇灌在砖模里，等它冷却后，就变成了一块块坚硬牢固的砖。这就是"水砖"。这种"水砖"为当地居民造房子提供了极大的方便。

【101】一般人认为"砖"是怎样做成的？
A. 石头雕刻而成的
B. 泥土烧制而成的
C. 地下水冷却而成的
D. 水泥冷却而成的

【102】关于"水砖"，下列哪一选项正确？
A. 尼威克的居民常用水砖造房子
B. 水砖是由地下的一种水泥冷却而成的
C. 尼威克城的地下蕴藏着很多水砖
D. 水砖能使矿物质溶解

103—105

白蚁是一种害虫，全世界约有2600种。在中国，白蚁的分布十分广泛，南起西沙，北至辽宁、吉林，东及沿海城市，西达青藏，都有它们的踪迹。但由于白蚁喜爱温暖、潮湿，因此一般以南方较多，危害也最严重。报纸上曾经有过一则白蚁吞掉整座城镇的报道：有人不小心挖穿了一个巨大的白蚁穴，于是数以亿计的白蚁涌出蚁穴"侵袭"附近的城镇，不到半年，这个城镇的所有木结构建筑就全被毁掉了。除了严重破坏住房建筑，白蚁还危害铁路枕木、桥梁、堤坝、室内仓储物

【103】下列哪种地方的白蚁危害最严重？
A. 寒冷潮湿的地方
B. 寒冷干燥的地方
C. 温暖干燥的地方
D. 温暖潮湿的地方

【104】关于白蚁，下列哪句话不正确？
A. 白蚁的种类很多
B. 白蚁喜欢破坏城镇
C. 白蚁的危害很大
D. 白蚁的分布很广

【105】文章最后一句话中的"吞噬"是什么意思？

品、书库藏书等。有些地区甚至连田野里正在生长着的芋头、甘蔗、桑树、芭蕉、百合以及各种果树、林木也都成了它们<u>吞噬</u>的对象。

A. 努力寻找
B. 非常厌恶
C. 大口吃掉
D. 慢慢品尝

106—108

昙花属仙人掌科，是多年生、常绿多肉的植物，原产于南美洲的热带沙漠地区，引入中国已有近百年的历史，现已成为我国珍贵的观赏名花之一。每年7～10月是观赏昙花的好时节。

昙花开放的时间非常短暂，只有几个小时，一般又是在晚上9点前后开放，第二天早晨就会枯萎，所以，汉语中有"昙花一现"之说。昙花盛开时大小如饭碗，大多为黄色或白色，也有红色的，气味芬芳，是难得的美景。

很多人都觉得昙花的花期太短了，为此感到遗憾。其实，昙花的生活习性和"体型"结构都是在生存竞争中为适应干旱、炎热的气候环境而逐渐形成的。昙花之所以晚上开花，其花期又如此之短，都是为了使它那娇嫩的花朵免受白日里强烈阳光的暴晒。

【106】关于昙花，下列哪句话是正确的？
A. 是中国本来就有的一种植物
B. 原产于中国的热带沙漠地区
C. 在中国，昙花常在7～10月开花
D. 喜欢潮湿寒冷的环境

【107】汉语中为什么有"昙花一现"的说法？
A. 昙花的花期很短一般又在晚上
B. 昙花盛开的时候大小如饭碗
C. 昙花非常不喜欢阳光的暴晒
D. 昙花的气味芬芳很难得

【108】是什么导致了昙花的特殊习性？
A. 干旱炎热的环境
B. 特殊的植物品种
C. 特殊的花朵颜色
D. 短暂的花期

109—111

北极的冬天是漫长的，到处都是冰天雪地，天天都是寒风凛冽，<u>滴水成冰</u>。

生活在北极的爱斯基摩人连住的房子都是用雪做成砖然后砌成的。这种房子就叫"雪屋"。雪屋呈圆锥形。建造方法是先用雪砖砌成一个直径3～4米的圆形地基，然后一层一层往上砌。每一层雪砖像砌窑洞似的稍向内倾斜，越往上圆周越小，直

【109】文章第一段的"滴水成冰"是什么意思？
A. 每一滴水都已经变成了冰
B. 水一滴出来就会马上变成冰
C. 只有很少的一点一滴的水变成了冰
D. 没有一滴水变成冰

【110】关于雪屋，下列哪句话正确？
A. 是用雪做成砖以后砌成的
B. 屋顶和地基是一样大的圆形

至封顶为止。接着,在雪地上砌一条走道或在地面上铺一条雪砖走道,直通雪屋。

在人们的想象中,雪屋一定是很冷的。其实,并非如此。因为雪本身是一种隔热物质,加上屋的四周被雪砖密封,没有门窗,外面的寒气进不去,屋内的暖气也跑不出去。因此,在雪屋里过冬,不会被冻坏。

112—115

睡眠是人体最重要的休息方式,睡眠可使人们消除疲劳,恢复精力。人的一生平均有五分之一的睡眠时间在做梦。在每夜 8 小时的睡眠时间里,人们约有 1.5~2 小时是睡在梦中的。假如夜长、睡眠时间也长的话,做梦自然就会多一些。

很多人觉得晚上睡着了才会做梦,其实,做梦是不分白天和黑夜的。夜间睡眠会做梦,白天睡眠(包括午睡)也会做梦。

科学家们经过长期的观察和研究,发现人的睡眠有两种不同的状态。一种是"慢波睡眠",另一种是"快波睡眠"。

根据脑电图的显示,慢波睡眠时,睡眠浅、呼吸深、慢而均匀,脉搏和血压稳定,脑垂体分泌的"生长激素"增加,促进机体的合成代谢,帮助体力得到恢复。慢波睡眠持续 80~120 分钟后便会转为快波睡眠。快波睡眠时,睡眠深,不易被吵醒,并出现脑血管扩张,脑血流量比慢波睡眠多 30%~50%,脑细胞代谢旺盛,使脑力得到恢复。这一状态持续约十几分钟到三十分钟后又转入慢波睡眠,两者如此反复交错,一夜约 4~6 次。

有趣的是,经过反复验证,慢波睡眠

C. 屋子里很冷,寒气出不去
D. 常常被大雪封闭没有向外的通道

【111】下面哪一项不是雪屋可以保暖的原因?
A. 雪是一种隔热物质
B. 雪屋没有窗户
C. 室内的暖气跑不出去
D. 雪屋是一个圆锥形

【112】文章认为,睡眠有什么作用?
A. 可以使人们做梦
B. 可以消除疲劳恢复体力
C. 可以使人的脉搏血压稳定
D. 可以使心脑血管扩张

【113】关于做梦,下列哪一句不正确?
A. 只要在睡眠中就会做梦
B. 人的一生平均有五分之一的时间在做梦
C. 白天午睡的时候也可能做梦
D. 做梦不分白天黑夜

【114】下列选项哪一个是"慢波睡眠"的特点?
A. 脑血流量增加
B. 不容易被吵醒
C. 脑细胞代谢旺盛
D. 脑垂体分泌的生长素增加

【115】根据文章内容,最合适的文章标题是哪一个?
A. 有趣的梦境
B. 睡眠的作用
C. 慢波睡眠与快波睡眠
D. 睡眠与做梦

阶段是不做梦的，只有快波睡眠阶段才会做梦。越到睡眠后期，快波睡眠时间也越长，因此，梦境时间也越长。

116—119

造纸术是我国历史上的四大发明之一。早在西汉时期，我国人民就用丝絮制成纸。后来，进一步采用树皮、麻头、破布、渔网等植物纤维来造纸。

在没有纸张以前，人们常常在山洞、崖壁上作画，在龟甲、丝帛上写字。两千年前的战国时代，有人出外旅行，要用五辆马车装载随身所带的书籍。西汉时，有人写一封信，就重达1000克以上。秦始皇每天批阅的公文重达50千克以上。因为那时候的"纸"，是用"竹简"或"木简"来代替的。

随着商业往来和文化交流的增加，我国的造纸方法也传播到世界各国。据记载，意大利在1276年、德国在1391年、英国在1494年先后设立了造纸厂。我国的造纸技术在公元5世纪就已经传到了朝鲜、日本、越南等亚洲国家。

随着科学技术的发展，纸的种类也越来越多，纸的用途也越来越广泛。现代社会，科学家们发明了不会燃烧的"不燃纸"和"防火纸"、不怕水的"防水纸"、能防金属生锈和红外线透视的"防护纸"、能在漆黑的夜晚发光的"夜光纸"以及能随周围温度变化而改变颜色的"变色纸"。

【116】根据这篇文章，最早的纸是用什么制成的？
A. 树皮
B. 破布
C. 丝絮
D. 渔网

【117】文章第二段提到"秦始皇每天批阅的公文重达50千克以上"是为了说明什么？
A. 秦始皇工作努力
B. 当时公文很多
C. 那时候人们都写很长的文章
D. 那时没有现代这样轻便的纸

【118】根据这篇文章，中国的造纸术最早传到了下列哪个国家？
A. 意大利
B. 英国
C. 德国
D. 朝鲜

【119】若想在没有灯的夜晚看到旅游路线，最好用什么纸来印刷地图？
A. 变色纸
B. 夜光纸
C. 不燃纸
D. 防水纸

120—123

为什么鸟儿能轻捷地飞上天，在空中长时间地翱翔，而人却不行呢？原来，鸟儿能飞，不仅是由于长有翅膀，还由于它具有适宜飞行的流线型体形和有一定强度又较轻的骨骼。此外，它们的胸肌非常发达，能带动自己的身体飞行。而人却没有这种条件和能力。

鸟类能飞多高呢？一般的小鸟，飞行高度不超过400米。在特殊的情况下，乌鸦可飞到2000米的高度，大鹫可以飞到7000米的高度。世界上飞得最高的鸟要算天鹅、秃鹫等，它们能飞过世界第一高峰——我国西藏的珠穆朗玛峰，大约能飞到9000米的高度。

各种鸟类的飞行速度，也有很大差异。普通小鸟每小时可飞行32～60千米；燕子时速大约为42～46千米；野鸭时速为75～95千米；大雁时速为68～90千米；雨燕时速可达110～190千米。

鸟飞行多长时间才停下来呢？一般的鸟类每次可连续飞行6～8小时，也有极个别的鸟，能昼夜不停地飞行。蜂鸟只有拇指般大小，但它竟能飞渡800千米的墨西哥湾，这真是令人惊叹不已。

【120】下列哪一项不是鸟儿能飞的主要原因？
　　A. 体重较轻
　　B. 长有翅膀
　　C. 骨骼较轻
　　D. 胸肌发达

【121】根据文章，哪种鸟飞得最高？
　　A. 乌鸦
　　B. 大鹫
　　C. 天鹅
　　D. 大雁

【122】根据文章，哪种鸟飞得最快？
　　A. 燕子
　　B. 雨燕
　　C. 大雁
　　D. 野鸭

【123】根据文章，哪种鸟可连续飞行的时间最长？
　　A. 天鹅
　　B. 秃鹫
　　C. 蜂鸟
　　D. 乌鸦

124—127

英国心理学家英里斯经过研究发现：人体中越是远离大脑的部位，其可信度越大。脸离大脑最近，所以最不"诚实"。我们与别人相处时，彼此总是最注意对方的脸，所以脸自然而然<u>变化多端</u>，以掩饰主人的真实思想。

可是，脚远离大脑，容易被人们忽略，

【124】文章第一段的"变化多端"是什么意思？
　　A. 有很多种变化
　　B. 有很多原因变化
　　C. 变得更端正
　　D. 从很多方面变化

于是它相对放松得多,也"诚实"得多。人的心理指向往往从脚部语言中无意识地泄露出来。人在站立时,脚往往会朝着心中惦念的方向或事物。比如:你在某个娱乐场所中看到久别的朋友正和一位女性坐着交谈。在打招呼之前,发现两人的双脚分别构成一个封闭的圆(一方用左脚架在右脚上,另一方用右脚架在左脚上)时,那么你还是识相点儿,绕道而行吧!他们此时一定不想被打扰。

脚还可以反映人的情绪。脚步的轻重缓急、沉稳或杂乱,表露着人的内心,或平静,或失衡,或安详,或焦躁。一个端庄秀美的女子走起路来匆匆忙忙,脚步重而乱,那她一定是性格开朗、心直口快的痛快人;反之,看上去五大三粗,但走起路来小心翼翼的,这样的人一定是粗中有细,她办事时常用豪放的外表掩盖严密的章法。

此外,人们的职业和生活区域也可以从脚上看出。在山区生活的人们即使走在平坦的大道上或城市的马路上,他们也会将脚抬得高高的;列车员走路总有点儿东摇西晃;舞蹈演员走起路来身轻如燕。在淮南,你如果看到脚呈八字走路的人,那他十有八九是船员,为适应颠簸的船上生活,船员们无一例外地以八字步来保持身体的稳定。

【125】根据文章,下列哪一项是脚所不能反映的?
A. 一个人的心理指向
B. 一个人的情绪性格
C. 一个人的职业
D. 一个人的住址

【126】根据文章,下列说法正确的是哪一个?
A. 与人相处时,没人会注意对方的脚
B. 与人交谈时,不要注意对方的脸
C. 人的真实想法会无意识地通过脚表现出来
D. 东摇西晃走路的人一定是列车员

【127】最适合这篇文章的标题是哪个?
A. 不诚实的脸和诚实的脚
B. 脚部的"语言"
C. 看脚知情绪
D. 看脚知职业

128—130

凡是女性,都希望自己拥有婀娜苗条的体态。但是,经调查发现:发胖的女性正日益增多。从表面上看,这些发胖的女性由于贪食美味,以致营养过剩;但从其背后的心理动机来看,其中不少女性存在

【128】文章第一段的"凡是"是什么意思?
A. 普通的
B. 所有的
C. 个别的
D. 平凡的

着欲求得不到满足而受压抑的情况。

其实，当女性的欲望无法得到满足时便猛吃东西，借此来宣泄内心不良情绪的现象，是一种心理学上的"代偿行为"。这与男性在生活、工作、感情中遇到挫折困难时往往会借酒浇愁、一醉方休一样，只是方式、手段不同而已。

心理学家发现：当人的紧张感和欲求得不到满足的心理状态达到饱和程度时，不满的原动力导致欲求向各方面去发展并找寻"发泄处"，食欲反常和疯狂购物就是其中较有趣的两种。现实中这种现象尤其多发生在女性身上。

因此，当你发现妻子或女友一反常态，突如其来地、莫名其妙地大买特买、大吃特吃时，最好能去小心翼翼地了解她内心究竟有什么不满。

【129】根据文章，为什么现在发胖的女性正日益增多？
A. 她们比以前更贪食美味
B. 她们的营养大多过剩
C. 她们的欲求得不到满足
D. 她们的运动量越来越小

【130】作为男性，如果自己的妻子或女友大吃特吃时，应该怎么做？
A. 借酒浇愁、一醉方休
B. 带她去疯狂购物
C. 告诉她不可以再吃
D. 问问她有什么不满

四、综合填空

（40题，30分钟）

第 一 部 分

选词填空，共24题。

131—133

很久以来，人们已经习惯于到农贸**131**买菜了。他们一方面看重蔬菜水果的**132**，另一方面则更关心它们是否**133**。

131. A. 场所　B. 场合　C. 市场　D. 场地
132. A. 价值　B. 价格　C. 资格　D. 品格
133. A. 清新　B. 新鲜　C. 清洁　D. 清净

134—136

明天有客人来，咱们**134**应该准备一下儿？我去买些食品，你把家收拾收拾。墙角那**135**破烂东西，用不着就扔了**136**。

134. A. 是否　B. 能否　C. 不但　D. 要不
135. A. 片　　B. 堆　　C. 群　　D. 批
136. A. 行了　B. 完了　C. 掉了　D. 算了

137—139

三年来，一大**137**青年工作**138**由于业绩出色、文明服务而被授予"青年文明单位"**139**。

137. A. 群　　B. 批　　C. 伙　　D. 堆
138. A. 全体　B. 团体　C. 整体　D. 具体
139. A. 称号　B. 称呼　C. 称谓　D. 名称

140—142

绿化美化首都是每个公民的**140**，人人都要积极**141**起来，植树栽种花草，美化周围**142**。

140. A. 任务　B. 义务　C. 工作　D. 责任
141. A. 行为　B. 行动　C. 动作　D. 发动
142. A. 环保　B. 环境　C. 景色　D. 空气

143—146

我**143**整齐后，就前往那家公司应聘经理**144**。虽然我没有任何的工作经验，但在校期间**145**的一大堆证书还是给了我一定的**146**。

143. A. 穿戴　B. 穿上　C. 衣着　D. 装饰
144. A. 职业　B. 工作　C. 岗位　D. 职位
145. A. 争取　B. 取出　C. 获得　D. 收到
146. A. 自信　B. 自豪　C. 自立　D. 骄傲

147—151

在日常生活中，人们购买那些经过加工 **147** 的食品时，总要 **148** 一下生产日期；在保质期相同的 **149** 下，人们总是 **150** 生产日期靠近购买日期的食品；虽然质量是相同的，但是新鲜的 **151** 不一样。

147. **A.** 办理　**B.** 处理　**C.** 管理　**D.** 整理
148. **A.** 检查　**B.** 检验　**C.** 证明　**D.** 查明
149. **A.** 情景　**B.** 状况　**C.** 状态　**D.** 情况
150. **A.** 选择　**B.** 选举　**C.** 比较　**D.** 推选
151. **A.** 程度　**B.** 进度　**C.** 速度　**D.** 温度

152—154

由于社会经济的发展，人们的物质、文化水平不断 **152**，科学的健康知识得到普及，这使得人们一方面对身体健康、生命质量有了更高的要求，另一方面也意识到了预防 **153** 的重要性。**154**，"花钱买健康"便成了人们消费的一种时尚。

152. **A.** 升高　**B.** 提高　**C.** 进步　**D.** 提升
153. **A.** 保持　**B.** 健全　**C.** 保健　**D.** 保护
154. **A.** 可是　**B.** 于是　**C.** 但是　**D.** 由于

第 二 部 分

汉字填空，共16题。

155—158

各位乘客，当您乘坐汽车 **155**，请尽量将 **156** 位让给老幼病残孕 **157** 及抱小孩儿的乘客，保 **158** 他们的乘车安全。

159—161

赴约会最麻烦了。去早了，**159** 得太着急；去晚了，人家说你架子大；准时到，又好像太认真了；干 **160** 不去，人家说你没礼 **161**。所以遇到这种情况，我能不去就不去。

162—164

我是医生，每次看到孩子吃了我开的药以后，病情有 **162** 好转，看到孩子在我的治疗救护下转危为 **163**，我就会感到无比高 **164**。

165—166

所谓小道消息，指的是大众私下议论、传 **165** 的一些不确定、不可靠的，而对人们又有一定诱 **166** 力的消息。

167—170

追求是美好的，即使没有追求成功，同样 **167** 是美好的。因为我们曾经执著地追求过。我常常这样想，只要我不放 **168** 追求的勇气，就 **169** 远有一份属于自己的幸福！即 **170** 身陷苦海，也能找到出路，尽快帮助自己恢复到正常状态。

汉语水平考试

HSK（初中等）

仿真试卷三

注 意

一、HSK（初中等）分四部分：
　　1. 听力理解（50题，约30分钟）
　　2. 语法结构（30题，20分钟）
　　3. 阅读理解（50题，60分钟）
　　4. 综合填空（40题，30分钟）
　　全部考试时间约需140分钟。

二、答案要写在答卷上。比如答案是C，要这样画：[A] [B] ■ [D]。

三、应在规定的时间完成规定的试题。

四、要按照主考的要求进行考试。

一、听 力 理 解

（50题，约30分钟）

第 一 部 分

请选出正确答案，共15题。

1. A. 开幕式
   B. 毕业典礼
   C. 工作宴会
   D. 闭幕式

2. A. 很得意
   B. 很生气
   C. 怀疑
   D. 无奈

3. A. 国外
   B. 单位
   C. 家里
   D. 故乡

4. A. 不让自己伤心
   B. 安慰别人
   C. 给自己找机会
   D. 给自己找借口

5. A. 紧张
   B. 失望
   C. 愤怒
   D. 后悔

6. A. 这几个年轻人很红
   B. 这几个年轻人很火
   C. 这几个年轻人很能干
   D. 这是几个年轻人

7. A. 他是男人
   B. 他是好男人
   C. 他是有能力的人
   D. 他登上了长城

8. A. 102 路
   B. 55 路
   C. 9 路
   D. 11 路

9. A. 一个月
   B. 两个月
   C. 三个月
   D. 四个月

10. A. 他们不想改变计划
    B. 他们的计划好我的不好
    C. 我的计划也不能实行了
    D. 我的计划完成了

11. A. 东西质量不好
    B. 老板喜欢你这样做
    C. 老板会要很高的价钱
    D. 老板要的价钱会比较低

12. A. 时间过得很快
    B. 时间过得很慢
    C. 时间很短
    D. 时间很充分

13. A. 红的
    B. 绿的
    C. 蓝的
    D. 花的

14. A. 巴金和鲁迅
    B. 巴金的《家》
    C. 鲁迅的《狂人日记》
    D. 《家》和《狂人日记》

15. A. 研讨会
    B. 婚礼
    C. 晚会
    D. 开幕式

第 二 部 分

请选出正确答案,共 20 题。

16. A. 去朋友那里了
    B. 去上海了
    C. 很长时间
    D. 去了几天

17. A. 希望和女的一起唱戏
    B. 不希望和女的一起唱戏
    C. 认为女的总是反对他的意见
    D. 认为女的唱戏唱得很好

18. A. 自己上当受骗了
    B. 买了一条好裤子
    C. 吃了不好的东西
    D. 吃了好吃的东西

19. A. 自己是一只很笨的鸟
    B. 自己是一只会飞的鸟
    C. 自己不聪明,所以要提前准备
    D. 自己很聪明,所以要先飞

20. A. 司机
    B. 售票员
    C. 清洁工
    D. 交通警察

21. A. 爷爷和孙女
    B. 爷爷和孙子
    C. 爸爸和女儿
    D. 爸爸和儿子

22. A. 女的喜欢和小王穿一样的裤子
    B. 女的和小王穿一条裤子
    C. 女的和小王关系好
    D. 女的和小王都很厉害

23. A. 11 点
    B. 11 点半
    C. 12 点
    D. 1 点

24. A. 满意
    B. 失望
    C. 高兴
    D. 怀疑

25. A. 时间不够
    B. 大家不想听
    C. 身体不舒服
    D. 有急事要走

26. A. 鸡蛋、面包、牛奶
    B. 鸡蛋、牛奶、油条
    C. 面包、牛奶、油条
    D. 鸡蛋、面包、牛奶和油条

27. A. 刚开始营业
    B. 环境不好
    C. 饭菜的味道不好
    D. 服务员的态度不好

28. A. 两点
    B. 三点
    C. 五点
    D. 第二天

29. A. 他们没有钱
    B. 他们乱花钱
    C. 男的乱花钱
    D. 女的乱花钱

30. A. 星期一
    B. 星期二
    C. 星期三
    D. 星期四

31. A. 蓝色
    B. 灰色
    C. 黑色
    D. 白色

32. A. 三片
    B. 四片
    C. 五片
    D. 六片

33. A. 钢的
    B. 瓷的
    C. 塑料的
    D. 瓷的和塑料的

34. A. 知识丰富
    B. 接受能力强
    C. 思维活跃
    D. 缺少经验

35. A. 商场楼上
    B. 商场一楼
    C. 商场前面
    D. 商场后面

第 三 部 分

请选出正确答案，共15题。

36. A. 一个
    B. 两个
    C. 三个
    D. 四个

37. A. 很高兴
    B. 很饿
    C. 要感谢朋友
    D. 刚得到一笔钱

38. A. 东边
    B. 西边
    C. 南边
    D. 北边

39. A. 主人
    B. 客人
    C. 东道国
    D. 东道

40. A. 提高男孩儿的音乐能力
    B. 提高男孩儿的美术能力
    C. 开阔男孩儿的眼界
    D. 培养男孩儿的综合素质

41. A. 0～6岁
    B. 0～10岁
    C. 6～15岁
    D. 10～15岁

42. A. 20名
    B. 40名
    C. 50名
    D. 60名

43. A. 东部
    B. 南部
    C. 西部
    D. 北部

44. A. 纺织
    B. 农药
    C. 皮革
    D. 没有重工业

45. A. 农夫山泉
    B. 千岛湖啤酒
    C. 千岛湖水果
    D. 千岛湖茶叶

46. A. 秀丽的风景
    B. 农夫山泉
    C. 千岛湖茶叶
    D. 千岛湖啤酒

47. A. 7月初
    B. 7月底
    C. 8月初
    D. 8月底

48. A. 长沙
    B. 上海
    C. 南京
    D. 昆明

49. A. 1 条
    B. 4 条
    C. 5 条
    D. 9 条

50. A. 周一
    B. 周三
    C. 周五
    D. 周日

二、语法结构

（30题，20分钟）

第 一 部 分

选择恰当的位置，共10题。

51. A 世界上 B 比这里的天 C 更蓝的 D 地方了。
　　　　没有

52. 玛丽 A 买了很多礼物 B 准备 C 送 D 朋友。
　　　　　　　　　　　　　　　给

53. 回家以后 A 他才 B 发现 C 自己 D 骗了。
　　　　　　　　　　　　　　被

54. 一个 A 月前买 B 面包 C 怎么 D 还能吃呢？
　　　　　的

55. A 他努力奋斗的故事 B 所有 C 在场的 D 人感动不已。
　　令

56. 只要多跟中国人 A 聊天儿，B 你的口语水平 C 会 D 提高。
　　　　　　　　　　　　　　　　　　　　就

57. 小王 A 把辛辛苦苦赚到的 B 钱 C 弄丢 D 了。
　　　　　　　　　　　　　　　给

58. A 也没有谁能够 B 像妈妈 C 那样 D 关心你、照顾你了。
　　再

59. 要是 A 这件 B 衣服再大 C 就更合适 D 了。
　　　　　　　　一点儿

60. A 你 B 不把这件事 C 当回事，我 D 可是很认真的。
　　　别

第 二 部 分

选词填空，共 20 题。

61. 古代的文人离不_____笔墨纸砚这四件宝贝。
    A. 上
    B. 开
    C. 下
    D. 完

62. 广阔的草原上开_____了黄色的小花，天空蓝蓝的。
    A. 满
    B. 放
    C. 上
    D. 完

63. 幸福是一_____感觉，它完全掌握在你自己的手中。
    A. 丝
    B. 片
    C. 种
    D. 类

64. _____明清以来，中国传统节日的变化就不大了。
    A. 就
    B. 自
    C. 对
    D. 何

65. 因为_____找不到合适的理由来解释，他显得很尴尬。
    A. 一一
    B. 一向
    C. 一时
    D. 一贯

66. _____着火车开走了，他急得直跺脚。
    A. 眼看
    B. 看见
    C. 看望
    D. 亲眼

67. 大多数网络用户在网上看新闻、玩儿游戏，_____网上购物的人数也呈上升趋势。
    A. 就
    B. 只
    C. 并
    D. 而

68. 无论在_____，你都可以感受到这种浓浓的亲情。
    A. 这儿
    B. 那儿
    C. 哪儿
    D. 什么

69. 这_____比赛还有五分钟就结束了，场上的比分还是0：0。
    A. 张
    B. 份
    C. 顿
    D. 场

70. 那里的景色真的那么迷人_____？
    A. 啊
    B. 吗
    C. 呢
    D. 啦

71. 他被当地人的热情_____感染，兴奋得大声唱起歌来。
    A. 把
    B. 被
    C. 而
    D. 所

72. 许多母亲都_____我的朋友一样，心甘情愿为孩子付出一切。
    A. 像
    B. 仿佛
    C. 就像
    D. 像样

73. 老师们普遍认为唯有考试_____真正检验学生的学习效果。
    A. 只有
    B. 所以
    C. 才能
    D. 还不如

74. 父亲不但没有责怪我，_____，还给了我不少鼓励。
    A. 同时
    B. 并且
    C. 所以
    D. 相反

75. 请你把汽车好好检查一遍，_____路上出故障。
    A. 免得
    B. 免费
    C. 不免
    D. 免除

76. 客厅很大，_____有三十多平方米。
    A. 多
    B. 够
    C. 满
    D. 足

77. _____也辞职下海了。
    A. 两个四十多岁的他的老朋友
    B. 他的两个四十多岁的老朋友
    C. 他的两个老的四十多岁的朋友
    D. 两个他的老的四十多岁的朋友

78. _____你把耳朵贴到管子上，你就会听到哗啦哗啦的海浪的声音。
    A. 因为
    B. 要不是
    C. 如果
    D. 即使

79. _____他们已经度过了最困难的时期，_____他们并没有就此放松警惕。
    A. 哪怕……也……
    B. 固然……也……
    C. 虽然……但是……
    D. 即使……也……

80. 节日的产生_____偶然发生的，_____有深远根源的。
    A. 时而……时而……
    B. 不是……而是……
    C. 一面……一面……
    D. 一时……一时……

三、阅读理解

（50题，60分钟）

第 一 部 分

词语替换，共20题。

81. 快点儿做作业，别在那里**磨洋工**。

    A. 使劲琢磨
    B. 反复思考
    C. 做事非常认真
    D. 做事效率不高

82. 我爱人特别支持我的工作，从来**不拉我的后腿**。

    A. 不拉后面的那条腿
    B. 不帮助我工作
    C. 不给我添麻烦
    D. 不拉着我跑步

83. 你说话痛快点儿，别像**挤牙膏**似的。

    A. 比喻说话很用力
    B. 比喻说话太绝对
    C. 比喻说话很温柔
    D. 比喻说话不干脆

84. 这件事本来很简单，可是他们**踢了半个月皮球**也没有解决。

    A. 把事情讨论来讨论去
    B. 把事情推来推去
    C. 把事情研究来研究去
    D. 把事情问来问去

85. 你还是现实一点儿，现在**铁饭碗**越来越少了，你别太挑剔了。

    A. 用铁做的饭碗
    B. 挣钱多的工作
    C. 稳定的工作
    D. 待遇好的工作

86. 你有这么好的办法为什么不早说，现在才说还有什么用啊?! 真是个**马后炮**。

    A. 马拉的大炮
    B. 马后面的大炮
    C. 事先就说出解决办法的人
    D. 事后才说出解决办法的人

87. 我**巴不得**早点儿离开这个鬼地方。

    A. 不能
    B. 得不到
    C. 恨不得
    D. 离不开

88. 你别看王大妈说话挺**直**的，她是刀子嘴豆腐心，人可好了。

    A. 直接
    B. 温柔
    C. 狠毒
    D. 无奈

— 11 —

89. 我们是多年的老朋友了，你一跟他**提**我，这事准能成。
   A. 拉
   B. 抬
   C. 扛
   D. 说

90. 你想让这个**小气鬼**请大家吃饭？！比登天还难！
   A. 很可爱的孩子
   B. 舍不得花钱的人
   C. 很年轻的人
   D. 很小的鬼

91. 我们都是**工薪族**，我们的消费观念是花最少的钱买最实用的东西。
   A. 挣钱不多的工人
   B. 公司的小职员
   C. 靠工资生活的人
   D. 做生意的人

92. 你别笑话我了，你也好不到哪儿去，我们两个还不是**半斤八两**。
   A. 重量一样
   B. 重量不一样
   C. 彼此一样
   D. 彼此不一样

93. 当着孩子们的面，他把埋藏多年的心里话**一股脑儿**都说出来了。
   A. 一下子全部
   B. 一点一点
   C. 马上
   D. 断断续续

94. 最近**接二连三**的打击让他深深感受到生活的艰辛。
   A. 一个又一个
   B. 两个
   C. 三个
   D. 五个

95. 这是秘密，我们不要再说了，小心**隔墙有耳**。
   A. 墙外有耳朵
   B. 隔壁墙上有耳朵
   C. 有人偷听
   D. 有人偷看

96. 老王是个**多面手**，这点活儿他一个人就包了。
   A. 有好几副面孔
   B. 有好几双手
   C. 擅长多种技艺
   D. 擅长某种技艺

97. 这种款式的汽车今年大受欢迎，市场上**供不应求**。
   A. 供应量不能满足需求
   B. 供应量大于需求
   C. 生产过剩
   D. 销售量大大降低

98. 这不是**明摆着**跟我们作对吗？我们不能什么都不管。
   A. 摆动
   B. 鲜明
   C. 显示
   D. 明明

99. 我可不敢下水,我是一个地地道道的**旱鸭子**。
    A. 不会游泳的鸭子
    B. 会游泳的鸭子
    C. 不会游泳的人
    D. 会游泳的人

100. 眼看孩子的呼吸越来越弱,大家毫无办法,只能**干着急**。
    A. 不着急
    B. 白白着急
    C. 着一会儿急
    D. 不怎么着急

第 二 部 分

请选出正确答案,共30题。

101—103

从前,有个爱拍马屁的人,皇帝、大臣都被他拍得团团转。阎王听说后,派小鬼把他捉拿到阎王殿,准备判他下油锅。这人两眼一转,马上"扑通"一声跪下,说:"阎王老爷,不是小人愿意低三下四,而是那些人喜欢让我吹捧、奉承。如果他们都能像您一样铁面无私、执法如山,那么我再怎样拍,也没有用处啊!"阎王听了这话句句入耳,就判他无罪,派小鬼送他回了人间。瞧,从有罪到无罪,逃掉"下油锅"之刑,靠什么?拍马屁!"拍马屁"又叫"媚人",它能使被拍者如饮美酒、心情舒畅,在不知不觉中进入拍马屁人的圈套,可见拍马屁之功效。"拍马屁"、"媚人"这名称,听起来多少有点儿不雅,所以文雅之士将它换了一个名号,称为"戴高帽"。

【101】阎王为什么判这个爱拍马屁的人无罪?
    A. 因为他没有罪
    B. 因为他是一个很好的人
    C. 因为他说了奉承的话
    D. 因为小鬼为他求情

【102】这个爱拍马屁的人都吹捧了谁?
    A. 皇帝、阎王、小鬼
    B. 皇帝、大臣、小鬼
    C. 大臣、阎王、小鬼
    D. 皇帝、大臣、阎王

【103】什么样的人将"拍马屁"称为"戴高帽"?
    A. 皇帝、大臣
    B. 阎王、小鬼
    C. 有文化的人
    D. 爱拍马屁的人

104—106

2001年中国申办奥运会成功以后，申奥功臣何振梁收到了一份特殊的生日礼物——1929年他出生当天的英国《TIMES》原版报纸一份。32岁的河北人李宝庆看到这则消息后受到很大的启发。他想这么有创意的理念，这么有收藏价值的生日礼物肯定会受到人们的欢迎，于是他试着在网上开店卖旧报纸和杂志。李宝庆从小就爱收集旧报纸和旧杂志，在他那里从50年代到现在的主要报纸和杂志基本都能找到。李宝庆的网店一开张就受到了广大网友的支持。一张上世纪80年代的原版报纸可以卖30元，而40年代的原版报纸则可达600元。现在网店的营业额高达2万元。

【104】 何振梁收到了什么样的生日礼物？
A. 一张2001年的报纸
B. 一份2001年的杂志
C. 一张1929年的报纸
D. 一份1929年的杂志

【105】 为什么李宝庆要开网店卖旧报纸和杂志？
A. 因为他有很多旧报纸和杂志
B. 因为他觉得这是有特殊意义的礼物
C. 因为很多人要买旧报纸和杂志
D. 因为何振梁喜欢旧报纸和杂志

【106】 李宝庆网店的生意怎么样？
A. 很红火
B. 很冷清
C. 一般
D. 马马虎虎

107—109

日前在一本名为《来自月球的声音》的新书中首度曝光了一张阿姆斯特朗在月球上的照片。这张照片清晰地显示了阿姆斯特朗在月球表面漫步时的面孔。阿姆斯特朗是世界上第一个踏上月球的人，迈出了对人类而言非常重要的一大步，由于当时是阿姆斯特朗负责操作照相机，所以，迄今公布的最为人所知的镜头都是"登月第二人"巴兹·奥尔德林的，阿姆斯特朗的照片少之又少。本来，在月球上的活动结束后，奥尔德林准备给阿姆斯特朗多照几张站在月球表面的纪念照，但就在这个时候，地面指挥下达了返航指令，阿姆斯特朗因此留下了一个永远的遗憾。这张照片是柴金在1986年意外发现的。当时，为了给自己的第一本书《月球上的人》搜集

【107】 第一个踏上月球的人是：
A. 阿姆斯特朗
B. 巴兹·奥尔德林
C. 柴金
D. 约翰逊

【108】 目前公布的登上月球的宇航员照片最多的是：
A. 阿姆斯特朗
B. 巴兹·奥尔德林
C. 柴金
D. 约翰逊

【109】 阿姆斯特朗永远的遗憾是什么？
A. 没有第一个登上月球
B. 在月球上一直拿着照相机
C. 忘了下达指挥命令
D. 没有在月球上多照几张照片

相关资料，他在位于得克萨斯州休斯顿的美国宇航局约翰逊航天中心查找电影片段。他说："一看到它，我就知道这确实是非同寻常、罕见的一瞥。多年以后，我们首次将其转化为高清格式，全世界都可以看到首位登上月球的宇航员的面孔。"

110—112

有一个人暗暗地想：既然有命运，那么一切都由命运来安排吧，大可不必去努力。然而，年复一年，他的生活一直是平庸的，没有辉煌和光明，只有灰暗和贫困。他想：难道是自己的命运注定如此吗？于是他带着疑问去拜访禅师。

他问禅师："您说，真的有命运吗？"

"有的。"禅师回答。

"我的命运在哪里？我不能出人头地，是不是因为我的命运注定暗淡和贫穷呢？"他问。

禅师让他伸出左手，然后指着他的手说："你看清楚了吗？这条横线叫做爱情线，这条斜线叫做事业线，另外一条竖线就是生命线。"接着，禅师又要他跟着自己做一个动作：把手慢慢地握起来，握得紧紧的。

禅师问："请你回答我，刚才那几条线在哪里？"

那人迷惑地说："在我的手里啊！"

"命运呢？"

那人恍然大悟。

【110】这个人没有成功的原因是什么？
A. 命运不公平
B. 他自己不努力
C. 禅师没有帮助他
D. 朋友没有帮助他

【111】禅师是怎样帮助他的？
A. 给他仔细讲解很深刻的道理
B. 没有给他任何帮助
C. 用简单的方法让他明白深刻的道理
D. 让他用左手去改变命运

【112】这则故事告诉我们什么？
A. 人不能摆脱命运
B. 命运是上天决定的
C. 命运是公平的
D. 命运在自己手里

113—115

十四年前，四川小伙子刀郎追随妻子来到新疆，定居乌鲁木齐。他喜欢这里的人，他们真诚、热情、能歌善舞；他喜欢这里的气候，干燥、舒爽，还有广阔的沙漠；最让他依恋的，还是这里的音乐。他时常开车在南疆北疆寻访民间艺人，跟他们学习新疆的少数民族音乐。他认为"他们都是人间的宝贝"。五年前刀郎红遍大江南北时，所有的人都以为他会留在北京，但是他最后选择回到新疆。"我是做音乐的，而且是一个幸运的做音乐的人，有这么好的条件，有这么好地方，有这么好的音乐资源……"到现在，刀郎没有跟任何公司签约，他喜欢自己是一个自由的人。刀郎说："没有新疆就不可能有刀郎，这一点不容怀疑。"

【113】十四年前，刀郎为什么来到新疆？
A. 他喜欢那里的风景
B. 他喜欢那里的音乐
C. 他喜欢那里的气候
D. 为了跟妻子在一起

【114】新疆最吸引刀郎的是：
A. 那里的音乐
B. 那里广阔的沙漠
C. 真诚、热情的人民
D. 干燥、舒爽的气候

【115】什么时候刀郎的歌最流行？
A. 十四年前
B. 十年前
C. 五年前
D. 最近

116—119

佩尔顿主动放弃女子200米个人混合泳的比赛，这给美国选手库克尔斯连续创造世界记录创造了一个很好的机会。28日，在200米个人混合泳的比赛中，库克尔斯以2分06秒15的成绩刷新了前一天刚刚创造的世界记录。"过去两天我有些头晕目眩，但是我一直相信会实现梦想。"库克尔斯夺冠后这样描述自己的心情。库克尔斯比赛时穿着最火的某品牌的泳衣，它被认定是最快的新一代泳衣，穿着这种泳衣游泳时阻力可以达到最小。本届比赛之后，这种用特殊材料制成的泳衣将被禁用。原世界记录保持者莱斯也说禁止使用这种高科技泳衣之后，破记录将成为难事。该项目的季军霍苏同意这一措施，她开玩笑说："这款泳衣太难穿了。"

【116】前一次的200米个人混合泳世界记录保持了几天？
A. 一天 B. 两天 C. 三天 D. 四天

【117】库克尔斯比赛时穿的泳衣有什么特点？
A. 是名牌泳衣
B. 是最时髦的泳衣
C. 是用普通材料制作的泳衣
D. 是阻力最小的泳衣

【118】霍苏在这次比赛中得了第几名？
A. 第一名   B. 第二名
C. 第三名   D. 第四名

【119】下列哪个选项与短文内容相符合？
A. 佩尔顿的实力没有库克尔斯强
B. 这种高科技泳衣一直被禁止使用
C. 库克尔斯比赛时的心情一直很平静
D. 禁止使用高科技泳衣后将很难打破记录

120—123

"特种部队"原为美国玩具公司"孩之宝"于1964年所生产的12寸军事可动人像玩偶,而后1982年该公司推出了3.75英寸的新系列玩具。为了吸引儿童,"孩之宝"为这些玩具加入正反两派团体交战的科幻背景,并在1984年至1993年间由惊奇漫画出版社编制绘成了155集漫画。美国彩虹公司在1983年推出了动画片《特种部队》。从1983年至1987年,该系列动画片总计推出95集。上世纪80年代末,国内就出现了"特种部队"玩具的散货。这些散货基本上是从南方的工厂中流出来的,大都是各部件乱拼凑在一起的,颜色不全的现象也很普遍。尽管如此,这丝毫不影响孩子们购买的热情。由于当时并不知道这种玩具叫"特种部队",所以孩子们叫它们"小人"、"小兵"、"霹雳人"等。直到1992年,电视台开始播放《特种部队》动画片,孩子们才知道,原来手上的"小人"也有着自己的故事。而代理商也抓住了这一时机,为"特种部队"玩具正式进入中国市场拉开了大幕。

【120】 短文中的"特种部队"是指:
A. 要完成特殊任务的军人
B. 一支特殊的部队
C. 一种很漂亮的娃娃
D. 一种像军人一样的玩具人

【121】 "特种部队"动画片是在哪一年推出的?
A. 1964年　　B. 1982年
C. 1983年　　D. 1984年

【122】 "特种部队"漫画一共有多少集?
A. 95集　　　B. 155集
C. 1983集　　D. 1992集

【123】 下面哪个选项与短文内容相符合?
A. 80年代末"特种部队"玩具正式走进中国市场
B. 由于颜色不全,孩子们不太喜欢"特种部队"
C. 90年代初,电视台开始播放《特种部队》动画片
D. 最开始的"特种部队"玩具是由北方的工厂制作的

124—127

青少年近视的预防和保健要注意以下几个方面:

一、养成良好的读写习惯 读写姿势要端正,保证眼睛跟书的距离在30厘米左右,看书40分钟后需要休息10分钟左右。不在车厢里看书,走路时不要看书,更不要躺着看书。

二、提供良好的照明 要注意教室的采光,不要在光线过强或过暗的地方阅读。另外,要特别注意过强的光反射对眼睛的

【124】 看书时,一般隔多长时间需要休息一下?
A. 10分钟
B. 20分钟
C. 30分钟
D. 40分钟

【125】 哪种食物对眼睛有好处?
A. 蔬菜
B. 糖果
C. 甜食
D. 肉

损害，如在强烈的阳光下阅读。

　　三、做眼保健操　用眼一段时间以后，要看一看远处，做做眼保健操，避免眼睛疲劳过度。

　　四、开展体育锻炼　研究证明，乒乓球运动有利于预防和控制近视。因为眼睛跟随乒乓球快速地移动对眼睛是一种很好的锻炼。

　　五、保证充足的睡眠，合理饮食　多吃鱼、橘子或红色的果实，多吃含有维生素 A、B_2、C 的食物，如猪肝、蔬菜、水果、杂粮等，这是防治近视的有效办法。注意少吃加重近视的食物，特别是糖果、甜食、肉等。

　　六、定期进行视力检查　一旦近视，应该配戴合适的眼镜。

【126】下面哪项活动对保护眼睛有好处？
A. 躺着看书
B. 在光线过强的地方看书
C. 打乒乓球
D. 近视了也不戴眼镜

【127】下列选项与短文内容相符合的是：
A. 在车上看书可以节省时间
B. 在强光下看书对眼睛有好处
C. 多吃猪肝对眼睛不好
D. 做眼保健操可以缓解眼睛疲劳

128—130

　　目前，组装电脑的销售量呈下降的趋势。组装电脑的消费者大致可以分为四种类型：家用实惠型、学习游戏型、专业应用型以及组装发烧友型。这其中，由于家用型和学习游戏型的消费群主要集中在大学生领域，而现在的大学生更倾向于便于携带的笔记本电脑，因此在很大程度上，这一市场被品牌的笔记本电脑侵占了。据记者了解，在金融危机的影响下，当前的大学生市场已经成为电脑商极为看重的一个市场。从销售领域来看，大学生笔记本电脑购买量约占笔记本销售量的55%。从全国来看，大学生群体购买量占整体消费市场购买量的35%。据了解，在竞争方式上，联想、戴尔等品牌厂商除了进一步降低笔记本电脑的成本，推出更加实惠、性价比更高的笔记本产品外，还计划在校园内直接开设校园店，以进一步拉近与学生这一消费群体的距离。

【128】组装电脑销售量下降的一个主要原因是：
A. 每家都有电脑，人们不需要再买电脑了
B. 越来越多的大学生去买笔记本电脑了
C. 使用电脑的专业型人才减少了
D. 人们越来越不喜欢用电脑了

【129】大学生笔记本的购买量占笔记本销售总量的：
A. 20%　　B. 35%　　C. 45%　　D. 55%

【130】下面哪个选项不是笔记本厂商的促销方式？
A. 降低笔记本电脑的成本
B. 推出性价比更高的产品
C. 在校园里直接开店卖笔记本
D. 生产更先进的笔记本电脑

四、综合填空

（40题，30分钟）

第 一 部 分

选词填空，共24题。

131—136

蜜蜂经过几千年的**131**，实现了相当高级的社会化生活**132**。工蜂找到食物之后，会飞回蜂房，通过一**133**复杂的舞蹈运动形式将食物的方位、距离等信息**134**给同伴。它们跳着规则的舞蹈，同时用翅膀发出信号，同伴们**135**根据它们移动的轨迹了解食物所处的位置。蜜蜂的这一奇特行为早在两千多年前就**136**人类观察到了。

131. A. 进展　B. 进化　C. 进行　D. 前进
132. A. 方式　B. 方面　C. 方向　D. 方针
133. A. 圈　　B. 轮　　C. 种　　D. 番
134. A. 传染　B. 传授　C. 传播　D. 传递
135. A. 而　　B. 则　　C. 才　　D. 又
136. A. 被　　B. 把　　C. 从　　D. 自

137—141

"礼"是中华**137**文化的核心要素，是一种寓教于"美"的**138**教育方式，是我们民族特有的人文传统。礼乐文化强调秩序**139**和谐，这一民族文化传统的回归，无疑会给我们庞大的民族带来巨大的力量。我旅行社与山东省政府、山东省旅游局等相关部门合作，推出"山东成人礼"文化体验之旅活动，非常**140**家庭出行，飞机往返**141**需1099元！机会不容错过！

137. A. 传统　B. 传承　C. 传递　D. 继承
138. A. 文字　B. 文学　C. 文明　D. 文艺
139. A. 又　　B. 和　　C. 而　　D. 并
140. A. 合适　B. 适用　C. 适当　D. 适合
141. A. 必　　B. 仅　　C. 急　　D. 还

142—148

中国通信标准化协会相关人士**142**，手机耳机接口统一标准**143**实施，**144**引导该行业统一手机有线耳机接口，使得不同型号的手机能够**145**符合新标准的有线耳机连接使

142. A. 表示　B. 表现　C. 表达　D. 表明
143. A. 发展　B. 发明　C. 发现　D. 发布
144. A. 把　　B. 将　　C. 被　　D. 使
145. A. 从　　B. 就　　C. 与　　D. 于

用。这有利**146**消费者根据不同的需求自主选择耳机，**147**也可以降低手机的使用成本，**148**减少电子垃圾也将具有积极的意义。

146. A. 于　　B. 与　　C. 余　　D. 在
147. A. 一边　B. 同时　C. 又是　D. 就
148. A. 对面　B. 面对　C. 从　　D. 对

149—154

一天晚上，我正在灯**149**看书，忽然听**150**了敲门声，开门一看，原来是王大爷。他怀里抱着两**151**大白菜，手里还拿着半袋面粉。"给你送来点儿吃的。"他把东西往屋子里一放就走了，**152**门都没有进。我与这位王大爷平时并没有什么来往，只是见面的时候打个**153**。看着他给我带来的东西，我非常感动，要知道，在那个年代能弄到白菜和面粉**154**不容易。

149. A. 上　　B. 下　　C. 左　　D. 右
150. A. 了　　B. 上　　C. 好　　D. 到
151. A. 棵　　B. 朵　　C. 块　　D. 条
152. A. 一　　B. 连　　C. 从　　D. 在
153. A. 招待　B. 招呼　C. 介绍　D. 问好
154. A. 与　　B. 和　　C. 并　　D. 跟

第 二 部 分

汉字填空，共16题。

155—160

母亲选的衣料总是很好看，她善于颜**155**搭配。她利用各种零碎毛线给我织过一**156**毛衣，这毛衣像一件艺术品。她织了拆，拆了织，经**157**无数次的编织，终于织成了美观别致的毛衣。她的确有审美的天赋，她是文盲，但是她对美有特殊的感知能**158**。父亲只讲求实际，不讲究好看不好看。他很有文**159**，但是却没有母亲那**160**审美的眼光。

161—165

开饭的**161**间到了，硬卧车厢的乘**162**大都买了列车上供应的盒饭，而那个黄头发、蓝眼睛的英国小伙子**163**从旅行包里掏出了面包、黄瓜和西红柿，另外，还有一小**164**黄油。

他盘腿坐在卧铺上，先把面包切**165**小块，然后把黄油抹在面包上，再把黄瓜和西红柿夹在面包里。这样，一份看似美味的"三明治"就做好了，他开始了正式的午餐。

166—170

您家的水龙头滴水、马桶坏了、买了一张漂**166**的风景画却无人安**167**……想自己动手？可是一无时间，二无工具，怎么办呢？就找"家适帮"吧！如果您家有需要修改换装的事儿，马上拨**168**电话，剩下的事情就交**169**我们吧！本公司一直致力**170**家庭换修服务的专业化、便捷化、无忧化。"家适帮"一定会成为您家的好帮手。

汉语水平考试

HSK（初中等）

仿真试卷四

注　意

一、HSK（初中等）分四部分：
　　1. 听力理解（50题，约30分钟）
　　2. 语法结构（30题，20分钟）
　　3. 阅读理解（50题，60分钟）
　　4. 综合填空（40题，30分钟）
　全部考试时间约需140分钟。

二、答案要写在答卷上。比如答案是C，要这样画：[A] [B] ■ [D]。

三、应在规定的时间完成规定的试题。

四、要按照主考的要求进行考试。

一、听 力 理 解

（50题，约30分钟）

第 一 部 分

请选出正确答案，共15题。

1. A. 他喜欢打高尔夫
   B. 他更愿意在家休息
   C. 他喜欢陪家人打高尔夫
   D. 他的家人更愿意去打高尔夫

2. A. 孩子没有妈妈
   B. 孩子不知道妈妈去哪儿了
   C. 应该是妈妈在照顾孩子
   D. 孩子没跟妈妈在一起

3. A. 非常热
   B. 比今年好多了
   C. 比今年热多了
   D. 天气非常好

4. A. 他早到了半个小时
   B. 你不应该来得太早
   C. 你应该早一点儿来
   D. 你不应该来看电影

5. A. 你早上不要给我打电话
   B. 我因为打电话迟到了
   C. 因为你打电话，我今早上没迟到
   D. 因为迟到，我今早上没打电话

6. A. 衣服面料不好
   B. 衣服样式不好看
   C. 不喜欢这样的衣服
   D. 衣服的大小不合适

7. A. 要做好这项工作必须有实际工作经验
   B. 只有名牌大学的毕业生才能做好这项工作
   C. 名牌大学的毕业生不需要经验
   D. 名牌大学的毕业生都能做好这项工作

8. A. 原来不知道"他"会修电脑
   B. "他"快要修好电脑了
   C. 没看见"他"修电脑
   D. "他"原来不会修电脑

9. A. 你应该去买一件衣服
   B. 你应该去借一件衣服
   C. 你演出的时候别穿这件衣服
   D. 你赶快把这件衣服还回去

10. A. 一个家庭应该有孩子
    B. 没有孩子的家庭也是家庭
    C. 一个家有没有孩子没关系
    D. 不知道没有孩子的家庭什么样

11. A. 等你老了，你儿子一定会在身边照顾你
    B. 等你老了，你儿子不可能在身边照顾
    C. 你要想想怎么让你儿子在身边照顾你
    D. 你的儿子想等你老了在你身边照顾你

12. A. 名牌和普通的品牌一样
    B. 名牌就是好，跟普通的不一样
    C. 名牌跟名牌的感觉不一样
    D. 名牌很好，但是穿上后感觉不太好

— 2 —

13. A. 不同意在孩子很小的时候给他念书
    B. 想知道孩子能听懂什么
    C. 认为孩子很小的时候就应该给他念书
    D. 想让孩子听懂他念的书

14. A. 觉得对方很大方
    B. 想知道一百块钱能买什么东西
    C. 觉得一百块钱太少了
    D. 想用一百块钱去买东西

15. A. 想知道在哪儿租房合适
    B. 一个月三千块的租金不算多
    C. 觉得太贵了，不能租
    D. 想要对方付三千块的租金

第 二 部 分

请选出正确答案，共20题。

16. A. 他现在没钱买车，有了钱就会买
    B. 他现在有很多钱，但是想先买房子
    C. 他现在没钱，即使有钱也不想买车
    D. 他现在有很多钱，很快就会去买车

17. A. 已经完全好了
    B. 没吃早饭
    C. 非常不舒服
    D. 早饭吃得不多

18. A. 药店
    B. 饭店
    C. 医院
    D. 病房

19. A. 男的把房间打扫得干干净净
    B. 男的要女的瞧瞧他的记性
    C. 女的完全忘记了要打扫房间
    D. 男的完全忘记了要打扫房间

20. A. 因为女的回来太晚
    B. 因为考试考得不好
    C. 因为女的不让他考试
    D. 因为男的给他压力

21. A. 女的五十七岁
    B. 女的撒谎了
    C. 女的看起来很年轻
    D. 女的记错了年龄

22. A. 小王病了，不来听音乐会
    B. 小王来听音乐会了
    C. 小王不一定来听音乐会
    D. 小王很可能来听音乐会

23. A. 不太贵，只要几百块钱
    B. 确实贵，一张好几百块钱
    C. 一张好几百块钱也不算贵
    D. 不想花好几百块钱买一张

24. A. 男的今年不想毕业
    B. 女的想让男的早点儿毕业
    C. 男的还要很长时间毕业
    D. 男的很长时间以前毕业了

25. A. 有点儿犹豫不决
    B. 喜欢租金高的房子
    C. 不担心租金的问题
    D. 觉得那房子条件不好

26. A. 公园
    B. 饭店
    C. 银行
    D. 音乐厅

27. A. 只要他说下雨就会下雨
    B. 他喜欢娃娃的脸
    C. 六月的天气变化很快
    D. 娃娃的脸变得很快

28. A. 常常跟邻居见面，但不常聊天儿
    B. 很少跟邻居见面，更不常聊天儿
    C. 不喜欢和邻居见面、聊天儿
    D. 常和邻居见面，但不喜欢聊天儿

29. A. 他没有钱，没有房子，不能结婚
    B. 他觉得没有钱、没有房子，不能算结婚
    C. 他担心结了婚就会没有钱、没有房子
    D. 他没有钱、没有房子，不想结婚

30. A. 他唱歌的水平很高，没什么难的
    B. 他唱歌的水平别人都不知道
    C. 他唱得不好，不想唱歌
    D. 女的确实不知道他不会唱歌

31. A. 男的不想去喝茶，也不想去茶馆儿
    B. 男的同意去喝茶，但不想去茶馆儿
    C. 男的想去喝茶，非要去茶馆儿
    D. 男的不想去喝茶，但同意去茶馆儿

32. A. 不要看打架
    B. 没看过打架
    C. 让女的看打架
    D. 想去看打架

33. A. 男的是学音乐的
    B. 男的不是学音乐的
    C. 男的不想学音乐
    D. 女的很了解男的

34. A. 要给女的介绍对象
    B. 他刚刚知道小李没对象
    C. 他早就知道小李没对象
    D. 小李想给他介绍对象

35. A. 女的可以这么跟经理说
    B. 这么说经理一定会生气
    C. 很奇怪经理会生气
    D. 很奇怪女的这么跟经理说

第 三 部 分

请选出正确答案，共15题。

36. A. 找人聊天儿
    B. 自己待一会儿
    C. 去倒一杯茶
    D. 去看一场电影

37. A. 告诉男人时间已经过去很久了
    B. 希望男人带自己去看电影
    C. 告诉男人她很喜欢上次的电影
    D. 希望男人知道看电影的好处

38. A. 男人遇到困难时喜欢自己待一会儿
    B. 女人喜欢用不准确的词语说话
    C. 女人很喜欢聊天儿
    D. 男人和女人有很多不同

39. A. 使人消除疲劳
    B. 使人心情不好
    C. 使人遇到喜事
    D. 使人辛苦

40. A. 要想长寿一定要多喝酒
    B. 喜欢喝酒的人都能活到九十九岁
    C. 喝点儿酒有利于健康
    D. 活到九十九岁的人每天都喝一杯酒

41. A. 酒能使心情不好的人快乐
    B. 酒在中国人生活中的重要作用
    C. 酒能使辛苦工作的人有力气
    D. 酒能使人身体健康

42. A. 北京有名的胡同有三百六十个
    B. 北京的很多胡同都很有名
    C. 北京的很多胡同都没有名字
    D. 北京的胡同非常非常多

43. A. 三十来米
    B. 六七十米
    C. 六七公里
    D. 四十公里

44. A. 地形
    B. 人名
    C. 附近的市场或商品
    D. 建筑物

45. A. 根据人名命名
    B. 根据附近商场或商品的名字命名
    C. 根据附近建筑物的名字命名
    D. 根据胡同的宽窄长短命名

46. A. 北京有多少胡同
    B. 北京的胡同
    C. 北京胡同的命名方式
    D. 北京胡同的长短宽窄

47. A. 因为男人能发家富贵
    B. 因为女人大多漂亮聪明
    C. 因为人们对男女的期望不同
    D. 因为家长们更喜欢男孩儿

48. A. 表示勇猛、雄伟、光明、力量的字
    B. 表示色彩的字
    C. 表示美丽的动植物和自然景物的字
    D. 表示吉祥的带女字旁的字

49. A. 张大山
    B. 陈大雷
    C. 李富贵
    D. 王雨燕

50. A. 男人的名字常用什么字
    B. 女人的名字常用什么字
    C. 男人和女人起名的不同
    D. 名字能够反映一定的社会观念

— 5 —

二、语法结构

（30题，20分钟）

第 一 部 分

选择恰当的位置，共10题。

51. 他终于鼓起勇气拨通 A 她的电话 B，却不知道 C 说什么才好 D。
    　　　　　　　　　　　　　　了

52. 他昨天晚上 A 十点多 B 下班 C 回到家，根本 D 没有时间去玩儿。
    　　　　　　　　　才

53. 她 A 希望找到一个不仅待遇好 B 而且充满 C 挑战性 D 工作。
    　　　　　　　　　　　　　　　　　　的

54. 在那个公园，A 每天晚上 B 七点 C 都会有 D 放风筝比赛。
    　　　　　　　　　　　多

55. 虽然 A 他们 B 做了 C 很多伤害你的事，但他们 D 是你的父母。
    　　　　　毕竟

56. 不要说去 A 外国了，B 就 C 中国 D 他都没去过几个城市。
    　　　　　　　　　连

57. 你回国后请替我回母校 A 看看，并替我 B 以前的 C 老师和 D 同学问好。
    　　　　　　　　　　　向

58. 从小学到 A 大学，不管天气多么恶劣 B 她都从来没有 C 迟到 D 一次。
    　　　　　　　　　　　　　　　　　　　过

59. 走出校园以后，A 工作的压力 B 围了过来，C 我感到有些 D 喘不过气了。
    　　　　　　　　一下子

60. 不管 A 在哪儿和谁相处，她 B 都没有和谁 C 闹过别扭 D 打过架。
    　　　　　　　　　　　从来

第 二 部 分

选词填空，共20题。

61. 这次的试卷太难了，以致没有一个同学能考_____一百分。
    A. 上
    B. 取
    C. 到
    D. 了

62. 他_____他妈妈骂了一顿，直到现在也不肯回家。
    A. 吧
    B. 由
    C. 使
    D. 被

63. 我_____累了，想在家休息，不想去爬山了。
    A. 稍微
    B. 一点儿
    C. 有点儿
    D. 很多

64. 那辆车货物装得太高了，经过天桥的时候开不_____。
    A. 过去
    B. 回去
    C. 进去
    D. 上去

65. 天突然黑了下来，_____要下雨了。
    A. 比如
    B. 好像
    C. 好比
    D. 例如

66. 随着生活水平的提高，人们_____饮食也有了更高的要求。
    A. 让
    B. 对
    C. 被
    D. 使

67. 他精彩的表演，赢来了台下_____不断的掌声。
    A. 一连
    B. 一再
    C. 持续
    D. 连连

68. 你一直这样闷闷不乐，_____不能解决问题，_____还会让你的父母更加为你担心。
    A. 不但……可是……
    B. 因为……所以……
    C. 虽然……但是……
    D. 不但……反而……

69. 他 _____ 自己承担所有的痛苦，_____ 不愿让家人为自己担心。
    A. 宁肯……也……
    B. 不管……也……
    C. 因为……所以……
    D. 不是……就是……

70. 他 _____ 长得不太帅，_____ 心地很善良。
    A. 不但……反而……
    B. 即使……也……
    C. 既……又……
    D. 虽然……但是……

71. 你这样做 _____ 帮不了他，_____ 会给她带去很多麻烦。
    A. 不仅……还……
    B. 无论……都……
    C. 固然……不过……
    D. 不是……就是……

72. 那户人家不管白天黑夜都 _____ 亮着灯。
    A. 直接
    B. 接着
    C. 一直
    D. 连连

73. 为了使每个学生都听明白，对这个问题，老师已讲了不下三 _____。
    A. 趟
    B. 回
    C. 次
    D. 遍

74. 你有事需要我帮忙的话，_____ 都可以给我打电话。
    A. 时时
    B. 随时
    C. 天天
    D. 当时

75. 他进考场的时候就 _____ 有些心不在焉，一定是出了什么事。
    A. 看出
    B. 显得
    C. 显示
    D. 显

76. 他 _____ 没有想到，一句玩笑会让他们俩由朋友变成了敌人。
    A. 大大
    B. 偏偏
    C. 万万
    D. 纷纷

77. 我们要回去 _____，然后才能给你答复。
    A. 商量商量
    B. 商商量量
    C. 很多商量
    D. 量量商商

78. 开学的日子 _____ 临近了，可他的学费还差一大截。
    A. 一时时
    B. 一连连
    C. 一天天
    D. 一幕幕

79. 在自然界中,"永恒的悲剧"就是一种生命_____。
    A. 生存必须为了残杀另一种生命
    B. 为了生存必须残杀另一种生命
    C. 必须为了生存残杀另一种生命
    D. 为了另一种生命生存必须残杀

80. 不管你遇到过多少次坏人,但你还是要相信_____。
    A. 依然充满真情人间
    B. 人间依然充满真情
    C. 真情依然人间充满
    D. 人间充满依然真情

三、阅读理解

（50题，60分钟）

第 一 部 分

词语替换，共20题。

81. **天知道**他怎么会做出这种事情，真是不可思议。
    A. 有人知道
    B. 上天知道
    C. 无法知道
    D. 可以猜出

82. 别**吹牛**了，我还能不知道你的真实水平？
    A. 说大话
    B. 吹吹那头牛
    C. 让牛吹气
    D. 太谦虚

83. 问题的关键还在于孩子自己怎么想，你说的那些都是**次要**的。
    A. 下一次需要
    B. 每次需要
    C. 再次需要
    D. 不太重要

84. 去上海的飞机票卖完了，我**不得不**坐火车去。
    A. 没想到
    B. 不能
    C. 只好
    D. 愿意

85. 我**从来**都不爱跳舞，你们别为难我了。
    A. 从过去到现在
    B. 从现在开始
    C. 从来的时候开始
    D. 本来

86. **凡是**新毕业的大学生都需要到基层组织和单位锻炼一段时间。
    A. 一般情况下
    B. 只要是
    C. 平凡的都是
    D. 一部分

87. 他打定了主意，**不顾**家人和朋友的反对毅然选择了冷门儿的地质勘探专业。
    A. 不照顾
    B. 不考虑
    C. 不回顾
    D. 不反顾

88. 我那孩子才让人操心呢，三十好几了还是**光棍儿**一个。
    A. 光光的棍子
    B. 没结婚的男人
    C. 该结婚没结婚的女人
    D. 该结婚没结婚的男人

89. 孩子你想，要是你考上了名牌大学，我和你爸爸多**光彩**啊。
    A. 有面子
    B. 有光有色彩
    C. 颜色漂亮
    D. 彩色的光亮

90. 你我**好比**亲兄弟一样，跟我还客气什么？
    A. 好好比一比
    B. 容易比较
    C. 好像、如同
    D. 比一比谁好

91. 毕业以后，他东奔西走了好几个月，**好容易**才找到一份收银员的工作。
    A. 很容易
    B. 很不容易
    C. 很好很容易
    D. 很不好很不容易

92. 孩子根本不听我的，我是**没辙**了才来求你帮忙的。
    A. 没有印象
    B. 没有车辙
    C. 没有可能性
    D. 没有办法

93. 小赵对人和气，工作认真，那技术更是**没说的**。
    A. 非常好，没什么可批评的
    B. 非常不好，没什么可说的
    C. 非常复杂，没什么能说的
    D. 非常简单，不用说什么

94. 他们这么做真是**岂有此理**！
    A. 太合乎道理了
    B. 完全没有道理
    C. 可能有道理
    D. 也许没有道理

95. 不知您周末有没有时间，可否到家里来吃顿**便饭**？
    A. 便宜的饭
    B. 方便的饭
    C. 简单的饭
    D. 顺便的饭

96. 我看你还是先别买，转转再说吧，**省得**买贵了后悔。
    A. 以免
    B. 以致
    C. 节省
    D. 省事

97. **冲**他爸爸的面子，那家公司录用了他。
    A. 面对
    B. 因为
    C. 关于
    D. 冲泡

98. 最近一直很忙，没及时给您回信，还望**见谅**。
    A. 原谅我
    B. 看见并原谅
    C. 见面谅解
    D. 看看能否原谅

99. **说白了**他这是在骗人，千万不要相信他。
   A. 坦率地说
   B. 白说了
   C. 说了也没用
   D. 说点儿没用的

100. 他很善于做菜，**最拿手的**当属鱼香肉丝了。
   A. 最擅长的
   B. 可拿在手里的
   C. 最有信心的
   D. 最迅速的

第 二 部 分

请选出正确答案，共30题。

101—103

某项市场销售调查显示，抽烟的顾客在挑选商品时，向上吐烟常常意味着他已决定要买这件商品。而有经验的售货员，在看到顾客向下吐烟时，就会迅速改变策略，告诉他如果买了这种商品有多少好处。

研究表明，从鼻孔向上喷烟表示优越自信；如果低头用鼻孔喷烟，则是生气的象征；不断地将烟灰抖落，说明内心有冲突，需要安慰；让烟燃着，却很少拿起来吸，则是在紧张地思考或等待紧张的情绪得以平息。一般而言，抽烟者总习惯将烟抽到一定长度后才丢掉。如果点燃香烟而没抽到通常的长度就丢掉，说明抽烟者决定结束交谈：注意这一结束性动作，可使你控制或结束谈话，并给人以你本人要结束交谈的印象，使得自己处于优势境地。

【101】根据文章，一个人要是边向上吐烟圈边挑选商品，售货员应该怎么做？
   A. 直接告诉他价格，准备交易
   B. 告诉他商品的好处，促使他做决定
   C. 告诉他商品的缺点，帮助他选择正确的商品
   D. 请他不要抽烟或者离开商场

【102】根据文章，一个人要是点着烟却不抽，说明他有怎样的心情？
   A. 很生气，正在发怒
   B. 内心很矛盾需要安慰
   C. 在紧张地思考
   D. 希望结束谈话

【103】最适合这篇文章的标题是：
   A. 抽烟者的无声表白
   B. 抽烟的好处
   C. 售货员应该知道的秘密
   D. 控制谈话的方法

104—106

全世界的鱼类约有 20000 种，光是中国就有 2500 种。不管是海水鱼还是淡水鱼，几乎全都离不开水。但是，由于它们种类的不同，对水的要求也是各不相同的。

就以水温和水压来说吧，定居在热带海洋中的鱼类，它们不会游到寒带的海洋中去；定居在寒带海洋中的鱼类，也从不游到热带海洋中去。根据所能承受海水压力的大小，鱼在海洋中都是分层居住的。如分布在大西洋、印度洋及太平洋的旗鱼就是热带和亚热带大洋的上层鱼类；常结群作远程洄游的马鲛鱼则是热带和温带海洋中的上中层鱼类；呈带形、尾细如鞭、长可达 1 米的带鱼则是海洋里中下层鱼类；分布在我国北方沿海以及朝鲜、日本沿海的六线鱼则是一种近海底层的食肉性鱼类。

鱼在水里能游动自如，上浮下沉，这除了它那具有两侧扁平、前后呈流线型的特殊体形适宜在水中作穿行运动外，其体内还有一只充满气体的囊状鳔，它是鱼在水中升浮沉潜的主要调节器官。鱼主要依靠鳔内充气的多少来控制和调整自己在水中的位置。它那强有力的尾部运动，以及从嘴里吞进水后由两侧鳃盖的隙缝喷射出去时所产生的反作用力，也是它在水中能够迅速浮沉的重要动力。

【104】关于鱼的说法正确的是哪一项？
A. 不同的鱼需要不同的水温和水压
B. 在中国，鱼的种类很少
C. 在海洋中，鱼类都在相同的深度生活
D. 旗鱼喜欢在深海中生活

【105】喜欢生活在海底的是哪一种鱼？
A. 旗鱼
B. 马鲛鱼
C. 带鱼
D. 六线鱼

【106】下列哪一个因素不会影响鱼的上浮下沉？
A. 鱼的体重
B. 鱼的特殊体形
C. 鱼体内的鱼鳔
D. 鱼鳃喷水的反作用力

107—109

一个配镜师教一个新上岗的职员如何向顾客要价："当你给顾客配眼镜时，如果他问多少钱，你就说：'500 元。'如果他的眼睛没有眨动，你接着说：'这是镜架的价格，镜片 300 元。'如果他的眼睛仍然一点儿

【107】作者想通过第一段的笑话说明什么？
A. 配镜师很聪明
B. 不应该欺骗顾客
C. 眼睛比嘴更能传情
D. 配镜师的生意很红火

都不眨动,就快补上一句:'每片。'"虽然这是个笑话,但不可否认的是,这位配镜师十分善于察言观色,十分了解"眼睛比嘴更能传情",因此他的生意会经营得十分红火。

"眼睛是心灵的窗户",当眼神闪烁不定时,表示精神上处于不稳定状态;连续眨眼或眨眼速度越来越快时,表现出此人正十分紧张,而且越来越紧张,也许他正在展开激烈的思考,或者在寻找解决方法,或者处在下决心的关键时刻。

相反,当某人眨眼速度一如平常时,则说明此人内心十分平静,任何外在事物都没有对他构成威胁或引起他的不安。

专家得出结论:人一般每分钟眨眼5～8次,如果1分钟内眨眼次数少于5次,表示厌烦、对事物不感兴趣或表示优越感、蔑视对方;而每分钟眨眼次数多于8次,那么他的神情显得活跃,意味着他对事物很感兴趣,有时也可理解为个体懦弱或十分怕羞,不敢正视别人。

【108】一个人如果连续很快地眨眼说明什么?
A. 他很紧张
B. 他内心平静
C. 他很厌烦
D. 他很有优越感

【109】一个人特别看不起谈话对象的时候,每分钟大概会眨眼多少次?
A. 3次
B. 6次
C. 8次
D. 12次

110—113

铁树,又名"苏铁",属常绿乔木,亚洲的热带或亚热带地区是它的故乡。它主要分布在印度尼西亚、东南亚各国以及我国南方和日本南部。它的树干外皮粗糙、坚硬,就像披了一层铁鳞甲,平时又喜欢铁质肥料,故被称为"铁树"。由于它的叶子呈羽毛状,酷似凤尾,因此,又有"凤尾蕉"或"凤尾松"之称。它的茎叶不易燃烧,可以起阻挡火势蔓延的作用,又被称为"避火蕉"。

铁树同其他植物一样,到了一定的年

【110】铁树不会自然分布在下列哪些地方?
A. 印度尼西亚
B. 东南亚
C. 日本南部
D. 北京

【111】铁树为什么又叫"凤尾松"?
A. 因为它外皮坚硬
B. 因为它的叶子呈羽毛状
C. 应为它的茎叶不容易着火
D. 因为它不常开花

龄，就会每年开花。在热带地区，10年以上的铁树，每年都要开花结子。但是，当铁树被移居到长江流域及我国北方地区之后，由于"水土不服"，或因北方气候寒冷、干燥，铁树就很少开花了。即使室内盆栽的铁树，有的往往也要几十年，甚至上百年才开花。所以人们常用"铁树开花"来比喻极难实现或非常罕见的事物。

气候除了影响铁树是否开花外，还影响铁树的高矮。我国北方气温较低、雨水较少，盆栽或缸栽的铁树，生长了几十年，仅1米多高。在上海地区，露天栽种的铁树可以长到一两米高；在福建、广东、云南等地，铁树则可以长到三四米高；在印度尼西亚，还可以见到一二十米高的铁树。

【112】人们为什么用"铁树开花"来形容难以实现或非常罕见的事物？
A. 因为铁树很难开花
B. 因为很少人看到铁树开花
C. 因为铁树年年开花
D. 因为北方的铁树很少开花

【113】关于铁树，下列说法哪一项正确？
A. 铁树很喜欢铁质肥料
B. 铁树每年都开花结子
C. 北方的铁树长得更高
D. 铁树的茎叶可用来生火

114—117

水是维持人体新陈代谢所必需的物质。人一个星期不吃饭尚可生存，如果一个星期不喝水就会濒临死亡。人体一旦失水达体重的2%时，就会感到口渴；失水量达20%时，就会引起代谢紊乱；而失水量超过25%时，就会导致死亡。

我们平时吃用的水除了一部分来自地下水，绝大部分都来自江河湖泊。江河湖泊的水，是雨雪水汇集而成的。取自地下的井水，也是雨水渗到地下生成的。

据估计，地球上总水量有13.86亿立方公里，但是，在如此之多的储水量中，只有2.5%是可供饮用、灌溉和工业生产所需的淡水。而这些淡水中，人类生产与生活能利用的地表水和地下水仅105万亿立方米。

目前，世界上的缺水情况已经越来

【114】文章第一段中的"濒临"是什么意思？
A. 面对
B. 临近
C. 开始
D. 导致

【115】人体失水量达到5%时会怎么样？
A. 感到口渴
B. 代谢紊乱
C. 濒临死亡
D. 感到饥饿

【116】关于地球上的水资源，下列说法正确的是哪一个？
A. 水资源丰富，取用不尽
B. 可用的淡水资源很有限
C. 人类生产生活用水大多来自地下
D. 地球上的水大部分是由雨雪水汇集而成的

严重。据统计,全世界有100多个国家缺水,其中43个国家严重缺水,全球50亿人口中,有17亿人饮水不足,12亿人喝不上清洁的水。我国也是世界上的缺水国之一。我国水资源总量虽然居世界第6位,但人均水资源仅占世界人均水准的四分之一。目前,我国668座城市中,有400多座城市缺水,其中100多座城市严重缺水。

【117】关于缺水情况,下列说法正确的是哪一个?
A. 世界上绝大多数国家都缺水
B. 世界人口中一半以上的人存在饮水问题
C. 中国的水资源总量丰富,不存在缺水问题
D. 目前,缺水问题正逐渐得到缓解

118—121

汉语中有个成语叫"高枕无忧",形容一个人枕头垫得高高的,无忧无虑地睡大觉。但是,睡觉时,枕头垫得太高,其实是有害的。

长时间高枕睡觉会导致颈椎病,如引起颈椎变形、颈部软组织劳损、脑部供血不足等,从而出现头昏脑涨、肩背部酸痛、手麻等症状。可见,"高枕"并非"无忧",而是"高枕无优"了。

人的一生有三分之一的时间是与枕头相伴的,枕头的高低直接关系到人体健康。我国古代就有"长寿三寸枕"之说,意思是枕头不宜过高。

那么,人睡觉时,选用多高的枕头才符合科学呢?医学家曾做过试验:使用不同高度的枕头,对睡觉的人进行脑电图监测,发现枕头在6～9厘米厚时,脑电图最早出现平稳的休息波形。医学家认为,选用枕头,高度要适中,要适合于颈部生理弧度的要求。因此,枕头是高是矮,应以自己感到舒适,没有不良感觉为好。枕头的高度通常以与自己一侧肩宽相同为最合适。当然,某些病人睡觉时宜把枕头垫高,此种状况就另当别论了。

【118】下列哪一项不是枕头太高造成的影响?
A. 导致颈椎病
B. 感到头昏脑涨
C. 手发麻
D. 脚发麻

【119】"长寿三寸枕"是什么意思?
A. 想长寿的话只能枕三寸高的枕头
B. 想长寿的话只能枕三寸长的枕头
C. 想长寿的话不能枕太高的枕头
D. 想长寿的话不能枕太长的枕头

【120】枕头多高睡觉最合适?
A. 6～9厘米高
B. 与自己一侧肩宽同高
C. 三寸高
D. 肩膀的三分之一高

【121】根据短文,下列说法正确的是哪一个?
A. 成语"高枕无忧"的说法很有道理
B. 枕头的高低会影响身体的健康
C. 枕头越低对健康越有利
D. 枕头越高枕着越舒服

122—126

汗是一种稀淡液体，其中98%是水，此外，还含有氯化钠、钾、硫等物质。出汗是一种正常的生理现象。人体每时每刻都在向外释放热量，一昼夜放出的热量如果聚集起来，就能把15千克的冷水烧到沸腾的程度。人体释放热量主要靠出汗，以保持身体的恒温。出汗量的多少往往要受到气温高低、运动激烈程度、衣服的保温程度、患病时发烧的程度、新陈代谢旺盛或衰弱等多种因素的影响。人在平静时，每天出汗约800毫升，激烈运动时可增加到9000毫升以上。

天热，人出汗就多；天冷，人也会出汗，但不容易被感觉到，这叫无感出汗。汗，除了通过有感或无感的排泄来调节体温外，还同尿一样，担负着排泄废物、调整体液的作用。汗还具有使皮肤表面保持酸性，以防止细菌侵袭的作用。

一般人的汗都是无色或略带淡黄色的，可也有些人会排出各种颜色的汗来。有色汗往往混在无色汗中一同排出，它是某些疾病的信号。如炼铜工人易患"铜中毒"的职业病，他们的汗液中因铜盐含量较高而呈淡蓝色；有的人在服用氯化钾后，汗会转为红色；吃了过多的蛋黄、胡萝卜之类的食物，就会流出黄汗。另外，有些人还会分泌出灰、紫、黑等颜色的汗，这就表明他们患上了某种疾病。

人的精神受到刺激，或紧张，或兴奋，也会导致出汗。由于人体各部位汗腺分布的不同，各部位出汗量的多少也不相同。一般来说，人的额头、手心、脚心、胸部、腰部、背部、腋下等部位，汗腺分布较多，因此，这些部位出汗也多。出汗多，很快就会湿透某些部位的衣服，这就是"汗流浃背"所寓含的一种生活现象。

【122】汗液中哪一种物质的含量最高？
A. 水
B. 氯化纳
C. 钾
D. 硫

【123】下列哪个因素不会影响出汗量？
A. 外界气温的高低
B. 衣服的保温程度
C. 人的心情、性格
D. 运动的激烈程度

【124】关于出汗，下列说法正确的是哪一个？
A. 出汗的热量能把15千克的冷水煮沸
B. 出汗可以释放人体热量
C. 天冷的时候人就不会出汗了
D. 汗水都是无色的

【125】根据短文，要是一个人出黑色的汗，可能是什么原因？
A. 他患了"铜中毒"
B. 他吃了太多胡萝卜
C. 他得了某种疾病
D. 他服用了太多氯化钾

【126】根据短文，下列哪个部位出汗最多？
A. 手心
B. 手背
C. 手指
D. 手腕

127—130

蝙蝠是哺乳动物中唯一能飞行的<u>佼佼者</u>。由于它长年生活在黑暗的岩洞中，昼伏夜出，眼睛已经退化。它的视力虽然很差，但是在夜间飞行时，能忽上忽下，能急剧地变换飞行方向，能准确迅速地捕食飞行中的蚊子、苍蝇。它靠什么才有这样神奇的本领呢？

在科学实验中，人们发现，把蝙蝠的双眼蒙住，或使之失明，它仍能完全正常地飞行。假如把瞎眼蝙蝠的双耳塞住，它飞行时就会到处碰碰撞撞。一旦取下蝙蝠的塞耳物，它就又会恢复正常飞行。可见，蝙蝠是用耳朵来"看"的。据说，一个山洞里栖息的蝙蝠可达数十万只，洞口的"交通"拥挤程度可想而知。但是，洞口却从未发生过"交通事故"，既没有阻塞现象，也没有相互碰撞的事情发生。

过去，人们认为蝙蝠无法辨认自己的幼仔，哺乳是盲目的，"有奶便是娘"。可是，现代遗传学研究表明，80%的母蝙蝠在成千上万只幼仔中能找到自己的亲生骨肉。科学家把蝙蝠这种根据回声探测物体的方式叫做"回声定位"。

蝙蝠的"回声定位"非常准确。它们在捕捉飞行中的昆虫时，能以异乎平常的速度完成，几乎每4秒钟即可捕捉一只。有时甚至在半秒钟内能捕捉到两只昆虫，这简直是"一眨眼"的工夫。

【127】蝙蝠和其他哺乳动物最大的不同是什么？
A. 视力差
B. 听力好
C. 会飞行
D. 生活在岩洞里

【128】文章第一段中的"佼佼者"是什么意思？
A. 超出一般水平的人
B. 一般很少见到的人
C. 善于交往的人
D. 听力很好的人

【129】如果一只蝙蝠的耳朵很好，但眼睛被蒙住，飞行时会怎么样？
A. 到处碰碰撞撞
B. 和别的蝙蝠互相碰撞
C. 完全正常飞行
D. 找不到自己的幼仔

【130】关于蝙蝠，下列说法哪一项不正确？
A. 蝙蝠是唯一会飞的哺乳动物
B. 蝙蝠的眼睛已退化，视力很差
C. 蝙蝠对幼仔的哺乳是盲目的
D. 蝙蝠可以在夜间急剧地变换飞行方向

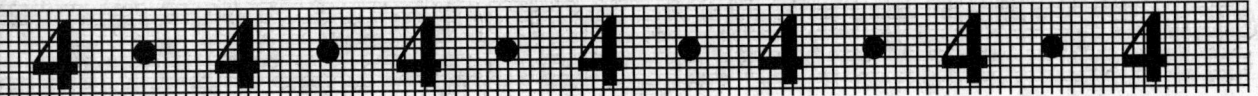

四、综合填空

（40题，30分钟）

第 一 部 分

选词填空，共24题。

131—132
　　以轻松的心情设计时装，是新一代服装设计师的共同 **131**。晚装便服化，女装男性化，婚纱礼服化已渐成 **132**。

131. A. 特色　B. 特点　C. 特性　D. 性能
132. A. 形式　B. 趋势　C. 样式　D. 趋向

133—134
　　听说你要买冬装，我向你 **133** 一种牌子的羽绒服。这种牌子的羽绒服又轻又软，而且特别 **134**。

133. A. 介绍　B. 推荐　C. 挑选　D. 选举
134. A. 暖和　B. 温和　C. 温暖　D. 很热

135—136
　　随着社会的发展进步，生活水平的 **135** 提高，人们对旅游娱乐 **136** 也有了更高的要求。

135. A. 陆续　B. 不断　C. 持续　D. 不停
136. A. 水平　B. 水准　C. 评价　D. 要求

137—139
　　据有关资料显示，中国人一生平均换工作仅有1.2次，而美国人则 **137** 8.6次。因此面对 **138** 增多的下岗现象，必须 **139** 好心态，有一个正确的认识。

137. A. 多次　B. 多回　C. 多达　D. 至多
138. A. 渐渐　B. 日益　C. 天天　D. 逐步
139. A. 调整　B. 调节　C. 调配　D. 调解

140—145
　　我要再次 **140** 你，骑车上街一定要遵守交通 **141**。除了要注意 **142** 车辆以外，还要注意路上 **143**。**144** 出了事，伤了自己伤了他人都 **145**。

140. A. 建议　B. 警告　C. 提示　D. 提出
141. A. 规定　B. 规则　C. 法律　D. 政策
142. A. 过去　B. 过往　C. 过来　D. 来过
143. A. 人行　B. 行人　C. 人群　D. 人数
144. A. 万一　B. 一万　C. 假如　D. 倘若
145. A. 了不起　　　B. 了不得
　　　C. 起不了　　　D. 得不了

146—147
　　这几棵树是父亲亲手栽的，所以父亲对它们格外 **146**，在父亲心目中，这些树 **147** 就是他的朋友或亲人。

146. A. 爱护　B. 保护　C. 敌视　D. 注重
147. A. 直接　B. 简直　C. 根本　D. 本来

148—150
　　我们虽然生活在信息社会，可以从电视、网络上 **148** 到世界各地的新闻，但那 **149** 不是我们亲身的体验和感受，而且有的信息也 **150** 真实。

148. A. 理解　B. 了解　C. 认识　D. 明白
149. A. 的确　B. 毕竟　C. 究竟　D. 当然
150. A. 缺乏　B. 未必　C. 需要　D. 未免

151—154
　　手机在中国的普及，经历了几个 **151**。刚开始人们只能在电视、电影里看到，那时人们觉得它是财富的 **152**，后来在大城市里开始出现，但也只 **153** 一些有钱的人使用，而现在几乎人人都有，手机成了非常 **154** 的东西。

151. A. 过程　B. 时期　C. 时代　D. 阶段
152. A. 代表　B. 表现　C. 表示　D. 象征
153. A. 限于　B. 适于　C. 限制　D. 局限
154. A. 普及　B. 及时　C. 遍地　D. 平凡

第 二 部 分

汉字填空，共16题。

155—158
　　我认为，对于男人来说，恢复一种对生活的自信和勇气是 **155** 务之急。人们 **156** 看着有阳刚之气的男人越来越少，不是指男人的性别特征的丧 **157**，而是指男人对现实越来越缺乏勇往直前的 **158** 险精神和创造精神。

159—161
　　"谢谢"这个词，不仅是礼 **159** 用语，也是沟 **160** 人们心灵的桥梁。它在日常生 **161** 中经常被使用。

162—164
　　刚买回来的蔬菜最好先 **162** 泡半小时，再认真清 **163** 几遍，这样才能做到既营 **164** 丰富，又卫生安全。

165—167
　　我不想当着全班同学的面指 **165** 他的缺点，又不能不对他说，所以我要约他单 **166** 谈谈，不料遭到了他的拒 **167**。

168—170
　　"好的开头是成功的一半"，但要获得成功，其实还需要好好地坚持到 **168**，如果坚持不到终 **169**，就会失去 **170** 不多全部的意义。

HSK（初中等）答卷

HSK（初中等）答卷

汉语水平考试 HSK（初中等）答卷

B

姓名	中文										
	英文										

试卷号码

考点代号 [0] [1] [2] [3] [4] [5] [6] [7] [8] [9]

国籍代号 [0] [1] [2] [3] [4] [5] [6] [7] [8] [9]

性别　男[1]　女[2]

序号 [0] [1] [2] [3] [4] [5] [6] [7] [8] [9]

答题要求：1.用铅笔写；　2.汉字要写清楚；　3.修改时要用橡皮擦干净。

1
1 [A] [B] [C] [D]　11 [A] [B] [C] [D]　21 [A] [B] [C] [D]　31 [A] [B] [C] [D]　41 [A] [B] [C] [D]
2 [A] [B] [C] [D]　12 [A] [B] [C] [D]　22 [A] [B] [C] [D]　32 [A] [B] [C] [D]　42 [A] [B] [C] [D]
3 [A] [B] [C] [D]　13 [A] [B] [C] [D]　23 [A] [B] [C] [D]　33 [A] [B] [C] [D]　43 [A] [B] [C] [D]
4 [A] [B] [C] [D]　14 [A] [B] [C] [D]　24 [A] [B] [C] [D]　34 [A] [B] [C] [D]　44 [A] [B] [C] [D]
5 [A] [B] [C] [D]　15 [A] [B] [C] [D]　25 [A] [B] [C] [D]　35 [A] [B] [C] [D]　45 [A] [B] [C] [D]
6 [A] [B] [C] [D]　16 [A] [B] [C] [D]　26 [A] [B] [C] [D]　36 [A] [B] [C] [D]　46 [A] [B] [C] [D]
7 [A] [B] [C] [D]　17 [A] [B] [C] [D]　27 [A] [B] [C] [D]　37 [A] [B] [C] [D]　47 [A] [B] [C] [D]
8 [A] [B] [C] [D]　18 [A] [B] [C] [D]　28 [A] [B] [C] [D]　38 [A] [B] [C] [D]　48 [A] [B] [C] [D]
9 [A] [B] [C] [D]　19 [A] [B] [C] [D]　29 [A] [B] [C] [D]　39 [A] [B] [C] [D]　49 [A] [B] [C] [D]
10 [A] [B] [C] [D]　20 [A] [B] [C] [D]　30 [A] [B] [C] [D]　40 [A] [B] [C] [D]　50 [A] [B] [C] [D]

2
51 [A] [B] [C] [D]　57 [A] [B] [C] [D]　63 [A] [B] [C] [D]　69 [A] [B] [C] [D]　75 [A] [B] [C] [D]
52 [A] [B] [C] [D]　58 [A] [B] [C] [D]　64 [A] [B] [C] [D]　70 [A] [B] [C] [D]　76 [A] [B] [C] [D]
53 [A] [B] [C] [D]　59 [A] [B] [C] [D]　65 [A] [B] [C] [D]　71 [A] [B] [C] [D]　77 [A] [B] [C] [D]
54 [A] [B] [C] [D]　60 [A] [B] [C] [D]　66 [A] [B] [C] [D]　72 [A] [B] [C] [D]　78 [A] [B] [C] [D]
55 [A] [B] [C] [D]　61 [A] [B] [C] [D]　67 [A] [B] [C] [D]　73 [A] [B] [C] [D]　79 [A] [B] [C] [D]
56 [A] [B] [C] [D]　62 [A] [B] [C] [D]　68 [A] [B] [C] [D]　74 [A] [B] [C] [D]　80 [A] [B] [C] [D]

3
81 [A] [B] [C] [D]　91 [A] [B] [C] [D]　101 [A] [B] [C] [D]　111 [A] [B] [C] [D]　121 [A] [B] [C] [D]
82 [A] [B] [C] [D]　92 [A] [B] [C] [D]　102 [A] [B] [C] [D]　112 [A] [B] [C] [D]　122 [A] [B] [C] [D]
83 [A] [B] [C] [D]　93 [A] [B] [C] [D]　103 [A] [B] [C] [D]　113 [A] [B] [C] [D]　123 [A] [B] [C] [D]
84 [A] [B] [C] [D]　94 [A] [B] [C] [D]　104 [A] [B] [C] [D]　114 [A] [B] [C] [D]　124 [A] [B] [C] [D]
85 [A] [B] [C] [D]　95 [A] [B] [C] [D]　105 [A] [B] [C] [D]　115 [A] [B] [C] [D]　125 [A] [B] [C] [D]
86 [A] [B] [C] [D]　96 [A] [B] [C] [D]　106 [A] [B] [C] [D]　116 [A] [B] [C] [D]　126 [A] [B] [C] [D]
87 [A] [B] [C] [D]　97 [A] [B] [C] [D]　107 [A] [B] [C] [D]　117 [A] [B] [C] [D]　127 [A] [B] [C] [D]
88 [A] [B] [C] [D]　98 [A] [B] [C] [D]　108 [A] [B] [C] [D]　118 [A] [B] [C] [D]　128 [A] [B] [C] [D]
89 [A] [B] [C] [D]　99 [A] [B] [C] [D]　109 [A] [B] [C] [D]　119 [A] [B] [C] [D]　129 [A] [B] [C] [D]
90 [A] [B] [C] [D]　100 [A] [B] [C] [D]　110 [A] [B] [C] [D]　120 [A] [B] [C] [D]　130 [A] [B] [C] [D]

4
131 [A] [B] [C] [D]　136 [A] [B] [C] [D]　141 [A] [B] [C] [D]　146 [A] [B] [C] [D]　151 [A] [B] [C] [D]
132 [A] [B] [C] [D]　137 [A] [B] [C] [D]　142 [A] [B] [C] [D]　147 [A] [B] [C] [D]　152 [A] [B] [C] [D]
133 [A] [B] [C] [D]　138 [A] [B] [C] [D]　143 [A] [B] [C] [D]　148 [A] [B] [C] [D]　153 [A] [B] [C] [D]
134 [A] [B] [C] [D]　139 [A] [B] [C] [D]　144 [A] [B] [C] [D]　149 [A] [B] [C] [D]　154 [A] [B] [C] [D]
135 [A] [B] [C] [D]　140 [A] [B] [C] [D]　145 [A] [B] [C] [D]　150 [A] [B] [C] [D]

155　158　161　164　167　169

156　159　162　165　168　170

157　160　163　166

汉语水平考试 HSK(初中等)答卷 B